Knaur

ATTILA BODA

POKERN

wie ein Profi

Danksagung

Mein besonderer Dank gilt meiner Frau Birgit für das Korrekturlesen sowie Dr. Zoltán Timár-Geng für fachliche Ratschläge.

Knaur

ATTILA BODA

POKERN
wie ein Profi

- Gewinnen mit der richtigen Strategie
- Taktik trainieren: Übungsaufgaben mit Lösungen
- Extra: Erfolgreich pokern im Internet

www.knaur-ratgeber.de

Vorwort

»A man's character is stripped bare at the poker table.«
Anthony Holden (aus Big Deal)

Poker erlebt in den letzten Jahren einen unwahrscheinlichen Boom, der in den USA seinen Anfang nahm und zurzeit dabei ist, sich auch auf die restliche Welt auszudehnen. Deutschland bildet hierbei keine Ausnahme: Immer mehr Deutsche spielen in ihrer Freizeit Poker, und manche von ihnen stoßen bis in den Profibereich vor. Dieses Maß an Popularität kommt nicht von ungefähr: Poker enthält wichtige Elemente des menschlichen Lebens und trifft damit genau das Lebensgefühl vieler Menschen; außerdem weisen die modernen Poker-Varianten eine raffinierte Struktur auf, die ihnen selbst unter den konkurrierenden Spielen wie Schach, Go oder Back Gammon Einzigartigkeit beschert. Hinzu kommt die – nicht zu unterschätzende – Möglichkeit, dass man als ambitionierter Spieler mit Poker richtig Geld verdienen kann.

Mit dem vorliegenden Buch möchte ich die Lücke schließen, die durch den wachsenden Bedarf an Poker-Wissen entstanden ist. Für alle, die die zweifelsohne vorhandene englischsprachige Literatur nicht mit dem nötigen Automatismus konsumieren können, wird es hoffentlich eine Bereicherung darstellen.
Ich betrete mit diesem Ratgeber teilweise sprachliches Neuland. Da Poker ein angelsächsisches Spiel ist, entwickelte sich seine Terminologie auf Englisch. Ich habe weitgehend versucht, die entsprechenden Begriffe zu übersetzen, doch dem Linguisten werden hin und wieder bestimmt die Haare zu Berge stehen. Das Eindeutschen mancher Ausdrücke (wie beispielsweise »raisen« oder »callen«) mag auf den ersten Blick befremdlich wirken, hat jedoch den entscheidenden Vorteil, die Nähe zum Original zu bewahren. So können Sie später englischsprachige

Bücher leichter verstehen, und es wird Ihnen auch leichter fallen, Pokersendungen im Fernsehen zu verfolgen. Des Weiteren hat sich diese Art Mischsprache auch in den deutschsprachigen Poker-Foren bewährt.

Das Buch enthält eine komplette Ausbildung in Limit Hold'em. Beginnend bei den Spielregeln, werde ich Sie durch alle Phasen des Spiels führen, sodass Sie nach aufmerksamer Lektüre in der Lage sein werden, small-stakes Games zu schlagen. Weiterhin werde ich einige fortgeschrittene Konzepte vorstellen, die auch für geübtere Spieler interessant sein können.
Abschließend sei noch angemerkt, dass kein Buch die Praxis ersetzen kann. Jeder, der vorhat, erfolgreich Poker zu spielen, muss die erlernten Konzepte in der Hitze des Gefechts ausprobieren und verinnerlichen. Manche Erläuterungen werden Sie vielleicht erst nach 10.000 Händen verstehen, aber Ihr Spiel wird mit jeder gespielten Hand stärker. Ob Hobbyspieler oder Profi – Theorie und Praxis gehen Hand in Hand!

Ich wünsche Ihnen viel Spaß bei der Lektüre dieses Buches und immer eine gute Hand beim Pokern.

Attila Boda

Schreibweise und Abkürzungen

Hände oder Karten auf dem Tisch können in zwei Formen angegeben werden. Die übersichtlichere Form ist die Abbildung der Karten – diese Lösung kommt oft vor, ist aber aus praktischen Gründen nicht immer möglich.

Abgekürzt werden die Karten wie folgt:

A: Ass (Ace)
K: König (King)
Q: Dame (Queen)
J: Bube (Jack)
T: Zehn (Ten)

Die Zahlen 2 bis 9 stehen für sich.

Die Farbe wird, wenn sie von Bedeutung ist, durch Symbole wiedergegeben:

♠ = Pik
♥ = Herz
♦ = Karo
♣ = Kreuz

Da es oft belanglos ist, welche speziellen Farben die Karten haben, d. h., es zählt nur, ob sie von der gleichen Farbe sind oder nicht, verwenden wir auch die folgende Schreibweise:

AKs = Ass und König in der gleichen Farbe (»suited«), z. B.

oder

AK = Ass und König in unterschiedlichen Farben, z. B.

oder

Weitere Abkürzungen werden im Text erklärt oder sind dem Glossar (siehe Seite 231) zu entnehmen.

1

ALLGEMEINES

Geschichte des Pokerspiels

Die Geschichte des Pokerspiels ist nach wie vor Gegenstand zahlreicher Diskussionen. Trotz einiger gesicherter Fakten wird vermutlich nie völlige Klarheit auf diesem Gebiet herrschen. Etymologisch ist das Wort »Poker« mit dem französischen Spielnamen »poque« sowie dem deutschen »Poch« verwandt.
Der Spielstruktur nach zeigt Poker (zumindest formale) Verwandtschaft mit mehreren frühen Spielen. Vor über 2000 Jahren kannte man ähnliche Spiele in China, und im Mittelalter erreichten über Persien und Ägypten die ersten Spielkarten Südeuropa. Hervorzuheben ist das persische Kartenspiel »Nas« aus dem 16. Jahrhundert, das mit einem Deck von 25 Karten in 5 Farben gespielt wurde und ein Ranking wie das heutige Poker aufwies. Es ähnelt dem heutigen 5-card stud. Manche Historiker vermuten, dass persische Matrosen es nach Amerika einführten, aber eine unabhängige Parallelentwicklung ist auch nicht auszuschließen. In Europa entwickelten das Renaissance-Spiel »primero«, das französische »brelan« und das englische »brag« verwandte Züge; alle kannten das Bluffen als Strategie-Element, das auch in anderen zeitgenössischen Spielen vorkam.

Poker erobert die USA

Ob diese Gemeinsamkeiten auf tatsächlichen Einfluss oder auf Zufall zurückzuführen sind, ist unklar. Sicher ist aber, dass das moderne Poker seine Wurzeln Anfang des 19. Jahrhunderts in den Südstaaten der USA hatte. Angeblich fand das erste Spiel in New Orleans auf dem Deck eines Flussdampfers statt. Bald spielte man die Urvariante – Draw (siehe dazu Spielvarianten, Seite XX) – mit 52 Karten, und die klaren Grundrisse des Spiels entstanden. In der Zeit des kalifornischen Goldrausches (1848–1854) und des amerikanischen Bürgerkriegs (1861–1865) erreichte Poker die Westgrenzen des Landes, wo es auf fruchtbaren Boden traf. Der Westen zog zu der Zeit Unmengen von

Siedlern, Abenteurern und Spekulanten an, und die sich eröffnenden neuen Möglichkeiten ließen viele vom schnellen Geld und Reichtum träumen.
Befreit vom sozialen Stigma der Arbeitergettos des Nordens oder der Plantagenwirtschaft des Südens und häufig ohne familiäre Bindung, brachten diese Menschen dem Pokerspiel eine erste Hochkonjunktur. Eine Schicht aus Profispielern entwickelte sich, und der Spielbetrieb wurde von Casinos übernommen, die für die Unterhaltung des buntgemischten Publikums sorgten und schon den Kern der modernen Spielindustrie zeigten. Während sich die professionellen Pokerspieler selbst als Geschäftsleute bezeichneten, bedachten viele sie mit weniger schmeichelhaften Eigenschaften. Dadurch, dass sie das zahlende Publikum ohne Rücksicht auf seine soziale Herkunft – ob Sklave oder Gentleman – ausnahmen, galten sie vielenorts als Schurken und Verbrecher, die dem ehrlich arbeitenden Mann das Geld aus der Tasche zogen. In manchen gutbürgerlichen Orten wurde das Pokerspiel deshalb verboten, die Spieler geächtet oder manchmal sogar gelyncht. So wichen die Betreiber in rechtsfreie Zonen aus, beispielsweise auf die Flussdampfer des Mississippi.

Strukturelle Änderungen

Im Laufe des 19. Jahrhunderts wurden die Straight und der Flush in das Ranking aufgenommen. Während gerade im westlichen Grenzland meist schnellere Spiele bevorzugt wurden (wie beispielsweise Faro oder Roulette, wo man sein Geld auf einen Schlag vervielfachen kann), entstand auch der gegenläufige Wunsch, den Glücksfaktor im Poker zugunsten der strategischen und psychologischen Elemente zu reduzieren. So wurden die neueren und heute besonders populären Varianten Stud und Hold'em ins Leben gerufen (siehe auch Spielvarianten, Seite 16).
Im Laufe des 20. Jahrhunderts erreichte Poker – nicht zuletzt dank des wachsenden politischen und wirtschaftlichen Einflusses der USA – weltweite Popularität. Das Spiel, das am Anfang Ausgestoßene und Diebe auf Dampfschiffen spielten, hat sich

mittlerweile radikal verändert. Heute verehrt man die besten Spieler wie Sportler oder Popstars, sie verdienen Millionen an Preisgeldern, und die Karten werden von der Software im virtuellen Casino statt von fingerfertigen Betrügern ausgeteilt.

Poker wird immer beliebter

Der heutige Boom ist das Resultat einer Entwicklung mit mehreren Etappen: 1970 startete the World Series of Poker (WSOP), das seitdem angesehenste und bestbezahlte Turnier der Welt. Nachdem sich die ersten TV-Übertragungen als langweilig erwiesen hatten, dauerte es nicht lange, bis eine Lösung gefunden wurde. Die Einführung der Mini-Kameras ermöglichte es, dass der Fernsehzuschauer den Spielern in die Karten sehen konnte. Damit boten die Übertragungen auf einen Schlag jede Menge Spannung, und sie gehören seitdem zu den Lieblingsevents der Sportsender. Zur gleichen Zeit erschienen die ersten bedeutenden Strategie-Bücher von David Sklansky und Doyle Brunson.

Die heutigen Ausmaße des Pokerbooms wären jedoch unvorstellbar ohne die Verbreitung des Internets. 1999 ging das erste Casino mit Pokerangebot (ParadisePoker) online, und seitdem entstanden zahlreiche andere. Der Spielbetrieb wurde zum wachsenden Industriezweig mit börsennotierten Großunternehmen, Millionenumsätzen und weltweitem Publikum. Vielen Menschen, die früher nie die Möglichkeit hatten, im Casino zu spielen, eröffnet das Internet die Gelegenheit, überall in der Welt und zu jeder Tageszeit Poker zu spielen.

Es ist selten, dass ein Massenphänomen durch das Mitwirken eines Einzelnen wesentlich beeinflusst wird. Beim Poker sollte man jedoch an dieser Stelle auch den Namen Chris Moneymaker erwähnen. Er qualifizierte sich bei »PokerStars« unter mehreren tausend Spielern im Internet als Hobbyspieler für das Finale der WSOP 2003. Das Turnier wies die Namen der führenden Pokerspieler der Welt auf, ein illustres Feld, wo ein Nobody – würde man meinen – keine Chance hat. Moneymaker jedoch gewann das Finale und wurde Weltmeister! Diese Aschenputtel-Ge-

schichte des Jungen von nebenan sprach die meisten Amerikaner direkt an nach dem Motto »wenn er es schafft, kann ich es auch schaffen«. Damit gab er vielen Menschen Hoffnung, die den Zustrom der Poker-Anbieter weiter vergrößerte.
Das Wachstum lässt sich auch außerhalb der USA beobachten. Neben Großbritannien, das durch seine angelsächsische Kultur von jeher sehr aufnahmefähig war in Sachen Poker, begeistern sich viele Menschen in Skandinavien, Russland und anderen Ländern für das Spiel. Auch in Deutschland verbreitet sich Poker rasch: Fernsehübertragungen sind an der Tagesordnung, Tausende Spieler bilden Internet-Communities oder spielen in den Online-Casinos.

Spielvarianten

Poker hat im Laufe seiner fast 200-jährigen Geschichte Hunderte von Varianten entwickelt, die sich sehr stark voneinander unterscheiden können. Die einzige Gemeinsamkeit der Varianten besteht darin, dass im Gegensatz zu vielen anderen Kartenspielen nicht Stiche zur Entscheidungsfindung herangezogen werden, sondern die Bildung bestimmter Kartenkombinationen, die mit einem vordefinierten, sich nach der Häufigkeit der Kombinationen richtenden Ranking abgeglichen werden.
Das Ranking variiert je nach Zahl der Karten und nach Verwendung oder Nichtverwendung von Jokern. Die meisten Varianten spielt man mit französischem Blatt à 52 Karten, aber es sind auch welche mit Schweizer Blatt bekannt.

Die Varianten kann man nach folgenden Aspekten klassifizieren:

- Spielablauf
- Limit-Struktur
- Ranking

Nach dem Spielablauf unterscheidet man drei große Gruppen:

- Draw
- Stud
- Hold'em

Draw

Draw Poker ist die Urvariante des Spiels. Vielen dürfte es aus zahlreichen Western-Filmen bekannt sein.
Jedem Spieler werden am Anfang, nachdem jeder die Ante gesetzt hat, 5 zugedeckte Karten ausgeteilt. Hiernach kommt eine Setzrunde. Damit kann das Spiel bereits enden, doch die meisten Varianten erlauben auch eine zweite Phase. Dort kann der Spieler eine vordefinierte Anzahl seiner Karten (meistens maximal drei) tauschen. Nach dem Tausch kommt dann die zweite und letzte Setzrunde mit Showdown (falls mehr als ein Spieler übrig ist).

Chinesisches Poker

Chinesisches Poker (auch als Russisches Poker bekannt) ist eine populäre und unterhaltsame Draw-Variante für maximal vier Spieler.
Nachdem jeder das Ante gesetzt hat, werden 13 Karten pro Spieler ausgeteilt. Aus diesen 13 Karten muss man drei Hände bilden: die erste mit drei, die zweite und die dritte mit fünf Karten. Bei der ersten Hand gibt es keine Straßen oder Flushes. Wichtig ist, dass die zweite Hand die erste und die dritte die zweite schlagen muss.
Am Showdown werden die Hände verglichen. Die beste zweite Hand erhält 50 % des Pots, die beste erste und dritte bekommen je 25 %.
Meistens gibt es zusätzlich Bonuspunkte für hochwertige Hände: einen Punkt für ein Full House, zwei Punkte für einen Vierling und sechs Punkte für einen Straight-Flush. Alle Spieler zahlen für die Punkte je 25 % des Pots an den Gewinner.

Caribbean Poker

Caribbean Poker ist die populärste Casino-Variante (d.h., Sie spielen gegen die Bank).
Nachdem man das Ante bezahlt hat, erhält man fünf Karten. Die Bank bekommt ebenfalls fünf, eine davon aufgedeckt.
Wenn man gegen die Bank spielen will, muss man einen Einsatz in doppelter Höhe des Ante tätigen. Tut man dies nicht, verliert man das Ante. Nach dem Einsatz werden die Karten aufgedeckt und verglichen.
Die Bank muss sich für das Spiel allerdings qualifizieren, d.h., ihr Blatt muss mindestens ein Ass und einen König enthalten. Ist dies nicht der Fall, bekommt man das Zweifache des Ante zurück plus die Gewinne auf den Einsatz nach Maßgabe des Gewinnschemas.
Haben Bank und Spieler die gleiche Hand (Push), bekommt der Spieler das Ante und den Einsatz zurück.

Stud

Stud Poker ist eine neuere und deutlich strategischere Variante. Hier bekommt der Spieler einen Teil seiner Karten zugedeckt und die restlichen aufgedeckt. Die bekanntesten Varianten sind 5-card stud und 7-card stud. Exemplarisch besprechen wir hier die Regeln des 7-card stud, der heute populärsten Stud-Variante.

7-card stud

In der ersten Runde bekommt jeder Spieler – nachdem er das Ante gesetzt hat – drei Karten, zwei zugedeckte und eine aufgedeckte. In den folgenden 3 Runden dann jeweils eine aufgedeckte Karte.
In der letzten Runde bekommen die Spieler eine zusätzliche zugedeckte Karte. Nach dem Kartengeben kommt in jeder Runde das Setzen, wobei die fünfte Runde auch mit einem Showdown enden kann.

Hold'em

Alle Hold'em-Varianten haben gemeinsam, dass jeder Spieler eine bestimmte Anzahl an zugedeckten Karten enthält und dass eine bestimmte Anzahl Gemeinschaftskarten, die allen Spielern gehören, auf dem Tisch aufgedeckt wird.
Neben Texas Hold'em, das Gegenstand dieses Buches ist, gilt Omaha als recht populär.

Omaha

Jeder Spieler erhält am Anfang vier zugedeckte Karten (Hole Cards). Darauf folgen drei Runden, die mit den Texas-Hold'em-Runden identisch sind: der Flop wird aufgedeckt (3 Karten), der Turn wird aufgedeckt (1 Karte), der River wird aufgedeckt (1 Karte). Jede Runde wird mit dem Setzen abgeschlossen. Zum Schluss bildet man aus zwei seiner Hole Cards und drei Gemeinschaftskarten eine Fünferkombination. Die beste Hand gewinnt den Pot.

Limit-Struktur

Im Wesentlichen gibt es drei Gruppen:

- fixed limit
- pot limit
- no limit

Fixed limit

Bei dieser Variante (Gegenstand des Buches) sind die Einsätze in ihrer Höhe begrenzt. Meistens gilt für Hold'em, dass der Einsatz der ersten zwei Runden in den letzten beiden Runden verdoppelt wird.

Pot limit

Hier dürfen die Spieler Einsätze tätigen, deren Größe die aktuelle Potgröße nicht übersteigt.

No limit

Die Spieler dürfen ihren gesamten Chipstapel setzen, mindestens aber so viel, wie der Big Blind beträgt.

Ranking

Je nach dem, was man aufgrund des Rankings als stärkste Hand definiert, lassen sich drei Grundtypen unterscheiden:

- High
- Lowball
- Hi-Lo

High

Dies ist die »normale« Variante, d. h., die höchste Kombination gewinnt.

Lowball

Bei Lowball gewinnt die niedrigste Kombination, wobei hier keine Straights und Flushes zählen. Somit ist A2345 das niedrigste Blatt.

Hi-Lo

Diese Variante ist eine Mischung der zwei vorigen. Es gewinnen die höchste und die niedrigste Kombination.

Nach all diesen Klassen kann man das komplette Spiel definieren. Dies könnte z. B. wie folgt aussehen:

Omaha Hi-Lo, fixed limit

Das Ranking der Pokerhände

Wie schon erwähnt, entscheidet das Ranking im Poker über Sieg oder Niederlage. Es ist nach der Häufigkeit der Kombinationen erarbeitet worden, d.h., je seltener eine Kombination statistisch gesehen vorkommt, desto wertvoller ist sie. Die höhere Kombination in der Liste schlägt die niedrigere.

Hier absteigend die Reihenfolge:

Royal Flush

Die seltenste Hand im Poker: A, K, Q, J, T in einer Farbe.

Beispiel:

Wenn zwei Spieler Royal Flush haben (nicht möglich in Hold'em), wird der Pot geteilt, d.h., zwischen den Farben wird nicht unterschieden.

Straight Flush

Fünf Karten in Folge von einer Farbe. Eine Straße und ein Flush bilden zusammen einen Straight Flush.

Beispiel:

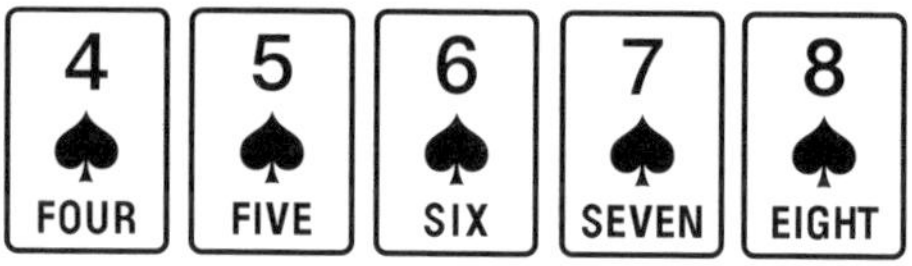

Wenn mehrere Spieler einen Straight Flush haben, wird nach dem High-Card-Prinzip entschieden, d.h., die höhere beste Karte gewinnt.

Four of a Kind (Vierling)

Vier gleiche Karten, auch Quads genannt.

Beispiel:

Bei mehreren Vierlingen gewinnt der höhere. Haben zwei Spieler den gleichen Vierling (nur in Hold'em möglich, der Vierling liegt auf dem Tisch), so entscheidet der Kicker.

Full House

Drei gleiche Karten (Drilling) und ein Paar.

Beispiel:

Unter Full Houses gewinnt das mit dem höheren Drilling. Sind diese gleich (nur in Hold'em möglich), entscheidet das höhere Paar.

Flush (Flöte)

Fünf Karten von einer Farbe in beliebiger Reihenfolge.

Beispiel:

Haben zwei Spieler einen Flush, fällt die Entscheidung nach dem High-Card-Prinzip.

Straight (Straße)

Fünf Karten in Reihe, die nicht die gleiche Farbe haben.

Beispiel:

Bei mehreren Straßen gewinnt immer die Straße mit der höchsten Karte am oberen Ende. Die höchste Straße beginnt mit der Zehn und endet mit dem Ass, die kleinste beginnt mit dem Ass und endet mit der Fünf.
Angemerkt werden muss weiterhin, dass die Straße nicht »um die Ecke« gehen darf (round the corner street), d.h., KAA23 oder QKA23 sind keine Straßen (A2345 aber wohl).

Three of a Kind (Drilling)

Drei gleiche Karten.

Beispiel:

Haben mehrere Spieler einen Drilling, so gewinnt der höhere. Sind diese gleich (nur in Hold'em möglich), entscheiden die Kicker, also die höhere Beikarte auf der Hand.

Two Pairs (zwei Paare)

Zwei Paare, also zweimal zwei gleiche Karten.

Beispiel:

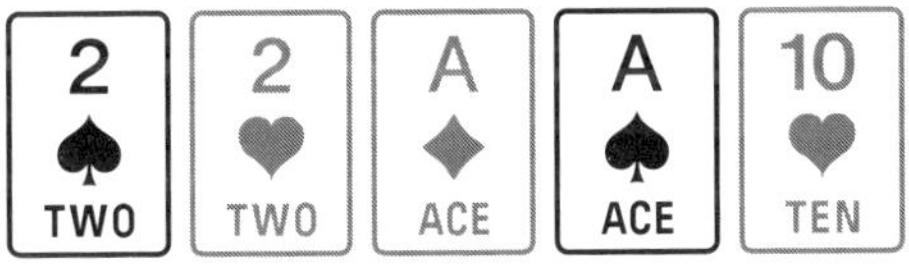

Die Reihenfolge der Bewertung, wenn mehrere Spieler zwei Paare haben: höheres Paar, niedrigeres Paar, Kicker.

Pair (ein Paar)

Ein Paar, also zwei gleiche Karten.

Beispiel:

Bei mehreren Paaren gewinnt das höhere. Haben zwei Spieler das gleiche Paar, entscheiden die Kicker auf der Hand.

High Card (hohe Karte)

Beachten Sie, dass beim Poker die jeweilige Farbe der Karten – im Gegensatz zu Spielen wie Skat oder Schafkopf – für den Wert nicht von Bedeutung ist. Kreuz ist also nicht höher als Herz und entscheidet im Zweifelsfall nicht, welcher Spieler gewonnen hat.

Beispiel:

(Ace high)

Bei Hold'em weist die Wertung Besonderheiten auf, da das beste Blatt aus den Hole Cards und den Gemeinschaftskarten gebildet wird. Darauf wird in einem separaten Abschnitt ausführlich eingegangen (siehe Seite 40ff.).

Aus der folgenden Tabelle können Sie die Wahrscheinlichkeiten der einzelnen Kombinationen (beste 5 aus 7 Karten) entnehmen. Die erste Spalte enthält die Kombination, die zweite die Zahl der möglichen Kombinationen, die dritte die Wahrscheinlichkeit, die vierte die Zahl, in wie vielen Händen die Kombination einmal vorkommt (statistische Werte).

Kombination	Zahl der möglichen Kombinationen	Wahrscheinlichkeit	einmaliges Vorkommen/Hände
Royal Flush	4.324	0,00015 %	666.667
Straight Flush	37.260	0,0014 %	71.429
Vierling	224.848	0,024 %	4.167
Full House	3.473.184	0,14 %	714
Flush	4.047.644	0,2 %	500
Straße	6.180.020	0,4 %	250
Drilling	6.461.620	2 %	50
Zwei Paare	31.433.400	5 %	20
Ein Paar	58.627.800	42 %	2,4
High Card	66.892.280	50 %	2
Insgesamt	177.382.380	100 %	

Wie lernt man Poker?

Lernen ist ein wichtiger Mechanismus für höhere Lebewesen, der sie ein Leben lang begleitet. Im Kindesalter lernt der Mensch besonders viele Sachen, doch auch in späteren Lebensphasen – bis zum Tod – lernt man noch immer.
Einer der natürlichsten Lernmechanismen ist das sogenannte Try-and-Error-Verfahren: Bestimmte Strategien werden zur Lösung eines Problems ausprobiert und je nach Erfolg gewichtet, d. h., die erfolgreichen werden wiederholt und die nicht erfolgreichen gemieden.
Um diesen Mechanismus genauer zu untersuchen, sei hier ein kurzes Beispiel aufgeführt: Babys entdecken früh die Notwen-

digkeit des Fortbewegens: Sie wollen Gegenstände, die oft außer Reichweite sind, anfassen. Hierdurch entsteht der Motivationsdruck, die Fortbewegung zu erlernen. Am Anfang versuchen sie, sich mit den Armen anzustoßen, und stellen bald fest, dass die verbrauchte Kraft in einem sehr hohen Verhältnis zum hinterlegten Weg steht (error). Irgendwann machen sie den zufälligen Versuch, sich mit den Beinen anzustoßen: Sie kommen schnell voran, und als Belohnung erreichen sie alle interessanten Gegenstände in ihrer Umgebung. Dieses Verhalten wird also verstärkt, während das fehlgeschlagene gemieden wird. Das Kind fängt an zu robben.

Beachten Sie

Der Lernmechanismus des Try-and-Error-Verfahrens, so natürlich und erfolgreich er sonst auch ist, funktioniert beim Poker überhaupt nicht bzw. ist sehr kostspielig.

Um unseren Gedankengang fortzuführen, möchte ich noch einen weiteren Fall beschreiben: Unser naiver Spieler – natürlich ein Anfänger – beschließt, das Pokern durch einfaches Spielen zu erlernen. Er bekommt mehrmals das schwächste Blatt (7 und 2) zugeteilt, und wie das Glück es will, gewinnt er damit. Er zieht daraus den Schluss, 72 sei eine profitable Hand. Er floppt auch mehrmals Flush-Draws, doch nicht ein einziges Mal komplettiert sich seine Hand. Daraus schließt er, dass man Flush-Draws nie spielen sollte.

Dieses Beispiel zeigt auf pointierte Weise, warum »Try-and-Error« beim Poker schlecht funktioniert. Ein Blatt wie 72 bleibt ein schlechtes Blatt, auch wenn man mehrmals damit gewinnt. Ein Flush-Draw wird langfristig immer ca. einmal in drei Fällen zum Flush.

Was hier gesagt werden soll: Poker ist ein statistisches Spiel. Wie immer bei der Statistik – der Einzelfall besagt nichts über das langfristige Verhalten der Karten. Deshalb wird unser Gehirn überfordert sein, wenn wir durch Beobachten nach wahren Mustern suchen. Die statistischen Zusammenhänge arbeiten jedoch in einer signifikant großen Spanne immer zuverlässig.

Aus diesen Fakten kann man folgende Schlüsse ziehen:

- Man muss das Spiel als abstrakt begreifen.
- Dementsprechend muss man die Zusammenhänge in einem theoretischen Rahmen erlernen.

Zum Glück ist im Laufe der Geschichte von klugen Menschen genug Material erarbeitet worden, sodass Sie in der Praxis keine Probleme bekommen, sich die Theorie des Spiels verfügbar zu machen.
Um Missverständnissen vorzubeugen, möchte ich betonen, dass das praktische Spiel zum Vertiefen des gelernten Wissens ebenfalls unentbehrlich ist.

Von Poker leben

Kein Spiel oder keine Sportart bietet ein so günstiges Aufwand-Ertrags-Verhältnis wie Poker. Vorausgesetzt, man verfügt über die nötige Intelligenz, über Fleiß und Disziplin, lassen sich in relativ kurzer Zeit beachtliche Erfolge erzielen, die auch finanziell zu Buche schlagen können. Deshalb gibt es zahlreiche Beispiele dafür, dass sich Leute in gut bezahlten Berufen für die Vorzüge des Lebens als Pokerprofi entschieden und ihre frühere Stelle verlassen haben.
Dies alles soll nicht darüber hinwegtäuschen, dass man als Spieler neben den Vorteilen auch einige Nachteile in Kauf nehmen muss. In diesem Abschnitt möchte ich einige dieser Vor- und Nachteile – ohne Anspruch auf Vollständigkeit – aufzählen.

Vorteile

Seitdem das Internet als Plattform für Spiele zur Verfügung steht, kann man den Beruf überall in der Welt (wo ein Zugang verfügbar ist) ausüben. Ob auf den Bahamas, auf Mallorca oder in Niederrimsingen – überall herrschen die gleichen Arbeitsbedingungen.
Im Internet wird rund um die Uhr gespielt, sodass man seine Tageszeiten ohne Rücksicht auf gesellschaftliche Konventionen aussuchen kann.
Man arbeitet freiberuflich, d. h., es gibt keinen Chef, der einen nervt oder mit Arbeit überhäuft.
Da die Arbeit zu Hause verrichtet wird, muss man keinen Wert auf Äußerlichkeiten legen, wie zum Beispiel angemessene Kleidung. Wenn man will, spielt man eben im Freizeitdress.
Insgesamt lässt sich sagen, dass das Leben als Profispieler ein selbstbestimmtes, freies Leben ist.
Wichtig: Im Gegensatz zu den USA sind Gewinne in Deutschland (noch) steuerfrei (Stand: Juli 2007)

Nachteile

Das Existenzproblem
Die flüchtige Natur des Spiels bringt es mit sich, dass man längere Verlustphasen durchleben muss. Anders als ein Angestellter, der am Anfang des Monats pünktlich seinen Lohn überwiesen bekommt, muss der Pokerprofi mit dieser Unregelmäßigkeit leben. Dies erfordert mitunter gute Nerven und ein hohes Maß an Glauben an die eigenen Fähigkeiten.

Das psychologische Problem
Der Pokerprofi steht permanent unter Leistungsdruck, er muss sich Tag für Tag immer wieder aufs Neue beweisen. Gerade in schlechten Phasen ist es nicht leicht, mit Selbstzweifel umzugehen.

Das soziale Problem
Der Mensch ist von Natur aus ein geselliges Wesen. Er genießt es, mit Familie, Freunden, Bekannten oder Kollegen zusammen zu sein, mit ihnen Freud und Leid zu teilen. Im Gegensatz zum Angestellten, der meist in ein Team eingebunden und täglich von seinen Kollegen umgeben ist, fristet der Online-Profi ein einsames Arbeitsleben. Wenn er sich nicht darauf versteht, nach der Arbeit seinen Bekanntenkreis zu pflegen, riskiert er es, bald unter völliger Vereinsamung zu leiden.

Das Ethikproblem
Jemand, der in einer Gemeinschaft lebt und von dieser profitiert, sollte auch zum Wohlergehen derselben beitragen. Ein Arzt oder ein Lehrer leistet wichtige Dienste für die Gesellschaft, deshalb darf er auch über ein reines Gewissen verfügen. Der Spieler bringt kaum einen Nutzen für die Gesellschaft; die meisten sind nicht einmal Entertainer (wie beispielsweise Spitzensportler). Mit diesem Dilemma kann nicht jeder umgehen.

Das Organisationsproblem
Wie jeder Selbstständige muss der Spieler seinen Tag aus eigenem Antrieb strukturieren. Er erfährt keinen Druck von außen, den viele als notwendig ansehen. Er muss für sich selbst einen regelmäßigen Rhythmus finden, in dem Arbeit, Essenspausen, soziale Aktivitäten und Schlaf angemessen berücksichtigt sind.

2

TEXAS HOLD'EM

Die Spielregeln

Hold'em spielt man mit französischem Blatt à 52 Karten. Es gibt also vier gleichwertige Farben (Pik, Herz, Karo, Kreuz) und 13 Karten pro Farbe (2, 3, 4, 5, 6, 7, 8, 9, T, J, Q, K, A). Theoretisch können maximal 23 Spieler mitspielen, üblicherweise sind es jedoch 10 (full ring) oder 6 (short handed).

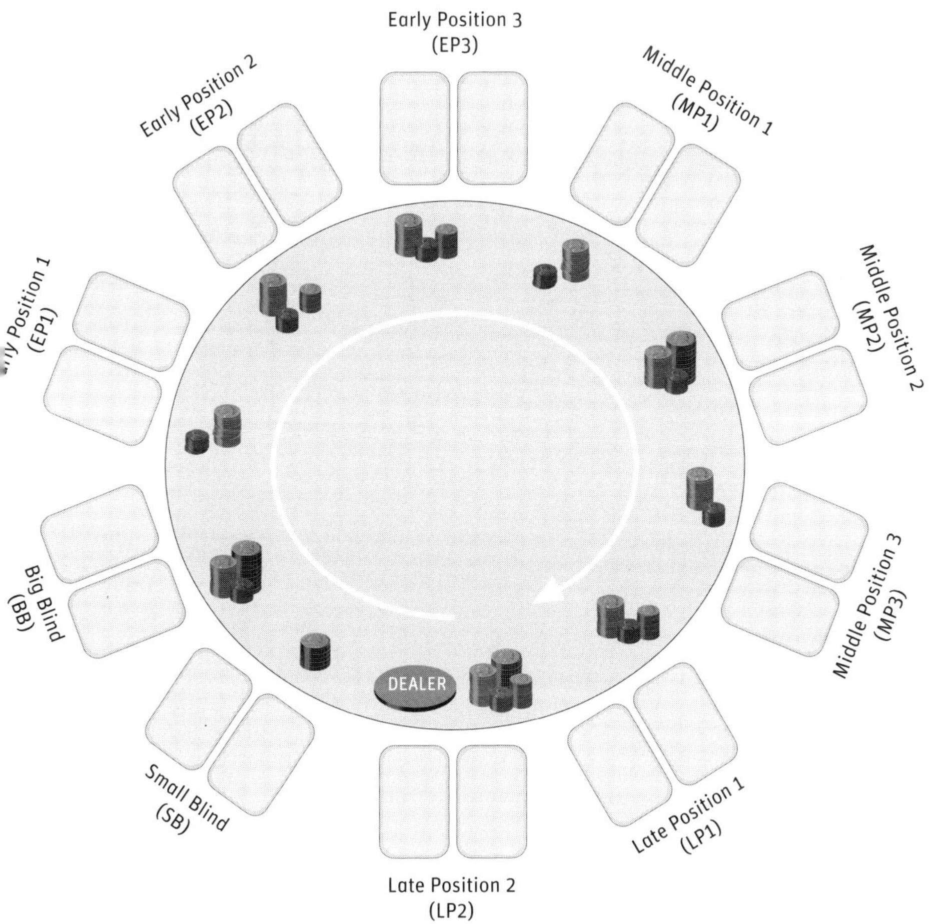

Die Positionen werden durch den Dealer-Button bestimmt, der den Dealer anzeigt und Runde für Runde im Uhrzeigersinn wandert. Folgende Positionen werden unterschieden:

Early Position 1 (EP1), auch under the gun (UTG) genannt
Early Position 2 (EP2)
Early Position 3 (EP 3)
Middle Position 1 (MP1)
Middle Position 2 (MP2)
Middle Position 3 (MP3)
Late Position 1 (LP1), auch Cutoff (CO) genannt
Late Position 2 (LP2), auch Button oder Dealer genannt
Small Blind (SB)
Big Blind (BB)

Der Dealer mischt die Karten und teilt sie aus. Außerdem hat er die Aufgabe, das Spiel voranzutreiben und darauf zu achten, dass alles seinen korrekten Gang nimmt. Bei Streitfällen entscheidet der Dealer, wer Recht hat.

In den Setzrunden kann der Spieler unter vier Möglichkeiten wählen (die allerdings nicht immer alle verfügbar sind):

- Passen (fold): bedeutet aussteigen, aufgeben. Das Spiel läuft ohne den Spieler weiter.
- Checken (check, auf Deutsch schieben): Der Spieler tätigt keinen Einsatz, ohne jedoch auszusteigen. Dies ist nur möglich, wenn in der Runde noch niemand gesetzt hat.
- Setzen (bet): Wenn noch niemand in der Runde Geld in den Pot geworfen hat, heißt der erste Einsatz Setzen.
- Erhöhen (raise): Wenn bereits ein Einsatz getätigt wurde, kann man diesen erhöhen. Pro Runde ist dies insgesamt dreimal möglich. Die Namen der drei Erhöhungen: (bet – setzen), raise, 3-bet, cap.
- Mitgehen (call): Wenn man einen Einsatz bringt, ohne weiter zu erhöhen, heißt es mitgehen oder auch »bezahlen«.

Der Ablauf des Spiels besteht aus vier Phasen:

1. Phase: Preflop
2. Phase: Flop
3. Phase: Turn (auch 4th Street genannt) } Postflop
4. Phase: River (auch 5th Street genannt) }

Preflop

Der Small Blind und der Big Blind tätigen ihre Zwangseinsätze. In der Regel ist der Big Blind doppelt so hoch wie der Small Blind und ist einer Small Bet (Achtung: auch SB) gleich.
Der Dealer teilt den Spielern, angefangen beim Small Blind, erst eine, dann eine zweite verdeckte Karte aus. Diese heißen Hole Cards oder Pockets und gehören dem Spieler allein.
Danach kommt die erste Setzrunde, in der jeder Spieler je nach Einschätzung der eigenen Hand passen, den BB mitgehen oder erhöhen kann. Der erste Spieler, der seine Absichten erklärt, ist EP1. Falls niemand erhöht, schließen die Blinds die Runde: Der SB kann den BB callen, und der BB hat, falls vor ihm niemand erhöht hat, zusätzlich die Möglichkeit zu checken.

Die Zahl der Erhöhungen in Limit Hold'em ist in jeder Setzrunde auf drei begrenzt. Die Runde ist beendet, wenn der letzte Spieler vor demjenigen, der zuletzt erhöht hat, seine Absichten erklärt hat.

Flop

Der Dealer legt die oberste Karte vom Stapel verdeckt weg (sog. »verbrennen«) und deckt die ersten drei Gemeinschaftskarten auf (den Flop), die allen Spielern gehören. Danach folgt eine weitere Setzrunde nach dem Muster der vorigen mit dem Unterschied, dass hier keine Zwangseinsätze getätigt werden. Somit hat der Spieler links vom Button, der die Runde beginnt, auch die Möglichkeit zu checken, d.h. kein Geld zu setzen. In dieser

Situation aufzugeben wäre sinnlos, da das Dabeibleiben noch nichts kostet, solange kein anderer Spieler gewettet hat. Es fällt auf, dass an dieser Stelle viele unerfahrene Spieler passen – und das völlig unnötig, denn es könnte immer noch dazu kommen, dass alle schieben. Damit ist die Wettrunde vorbei, und man hat die Chance, die nächste Karte zu sehen, ohne dafür einen Einsatz gebracht zu haben.

Turn

Der Dealer legt wiederum die oberste Karte aus dem Stapel verdeckt weg und deckt anschließend die 4. Gemeinschaftskarte (den Turn) auf; daran schließt sich wiederum eine Setzrunde nach dem Muster der vorigen an.

River

Noch einmal legt der Dealer die oberste Karte aus dem Stapel verdeckt weg, ehe er die 5. und letzte Gemeinschaftskarte aufdeckt, gefolgt von einer Setzrunde nach dem Muster der vorigen zwei.

Showdown

Nach der vierten Runde folgt der Showdown, falls mindestens zwei Spieler übrig geblieben sind. Die Spieler zeigen ihre Karten, und nach dem Ranking wird ermittelt, welcher Spieler aus den sieben Karten die beste Hand gebildet hat. Derjenige, der zuletzt gewettet oder erhöht hat, muss seine Karten als Erster zeigen. Wenn in der letzten Runde alle Spieler geschoben haben, so muss der Spieler seine Karten zuerst offenlegen, der in der Runde als Erster an der Reihe war. Hat ein Spieler gewettet und alle anderen haben gefoldet, so hat dieser den Pot gewonnen und muss seine Karten nicht aufdecken. Haben zwei oder mehr Spieler die gleiche Hand, wird der Pot geteilt.

Wie hoch sind die Einsätze?
In den ersten zwei Runden muss der Einsatz eine Small Bet (= Big Blind) oder deren Mehrfaches betragen.
In den letzten zwei Runden verdoppeln sich die Einsätze, d. h., die Grundeinheit ist die Big Bet (auch BB abgekürzt).

Beispiel:
Zur Verdeutlichung ist im Folgenden eine komplette Runde dargestellt.

Jeder bekommt zwei zugedeckte Karten.
1. Runde: Preflop
EP1, EP2 folden, EP3 callt, MP1, MP2 folden, MP3 callt, LP1 erhöht, LP2, SB folden, BB, EP3, MP3 callen.
Drei Gemeinschaftskarten werden aufgedeckt.

2. Runde: Flop
BB, EP3, MP3 checken, LP1 setzt, BB foldet, EP3 callt, MP3 foldet.
Die Turnkarte wird aufgedeckt.

3. Runde: Turn
EP3 checkt, LP1 setzt, EP3 erhöht, LP1 callt.
Die Riverkarte wird aufgedeckt.

4. Runde: River
EP3 setzt, LP1 callt.

Showdown

Erklärung:

- In der ersten Runde folden alle bis auf vier Spieler (EP3, MP3, LP1, BB), wobei LP1 sogar erhöht. Die restlichen Spieler gehen die Erhöhung mit.
- Nach dem Flop fängt BB an, da SB schon draußen ist. Es wird gecheckt zum Preflop-Raiser, der setzt. Nur EP3 callt. Somit sind nur noch zwei Spieler in der Hand.
- Am Turn fängt EP3 an, da er der Erste nach dem Button (LP2) ist. Er checkt, LP1 setzt, EP3 raist, und LP1 callt.
- Am River setzt EP3, und LP1 callt.
- Da nach dem River zwei Spieler übrig sind, muss der Sieger in einem Showdown ermittelt werden.

Besonderheiten der Wertung der Hände

Beim Showdown, also immer wenn zum Schluss zwei oder mehr Spieler übrig bleiben, werden die Hände bewertet. Beim Hold'em wird nach einem einfachen Prinzip bewertet: Die besten 5 aus 7 Karten (zwei Hole Cards plus 5 Gemeinschaftskarten) entscheiden.
Obwohl diese Regel unkompliziert und selbsterklärend ist, kommt es selbst bei geübteren Spielern zu Problemen. Deshalb soll hier anhand einiger Beispiele der Ablauf der Wertung verdeutlicht werden.

1. Hohe Karte

Beispiel 1:

Adam hält:

Eva hält:

Auf dem Tisch liegen:

Adams Hand: K, Q, J, T, 8
Evas Hand: Q, J, T, 8, 6

Für Adam sind die 3 auf der Hand und die 2 auf dem Tisch, für Eva die 4 auf der Hand und die 2 auf dem Tisch unwichtig.

Beide Hände enthalten Q, J, T, 8, deshalb entscheidet die fünfte Karte, die jeder auf der Hand hält.
Da ein König höher als eine 6 ist, gewinnt Adam diese Hand.

Beispiel 2:

Adam hält:

Eva hält:

Auf dem Tisch liegen:

Adams Hand:	A, K, J, T, 8
Evas Hand:	A, K, J, T, 8

Da keiner der Spieler höhere Karten hält als die Gemeinschaftskarten, fallen die Karten der Spieler für die Wertung weg. Beide halten die gleiche Hand: beide gewinnen – der Pot wird geteilt.

Beispiel 3:

Adam hält:

Eva hält:

Auf dem Tisch liegen:

Adams Hand: A, J, T, 8, 5
Evas Hand: A, J, T, 8, 6

Diesmal zählen beide Hole Cards beider Spieler, und die 3 und die 2 fallen weg. Eva hat die bessere Hand, da 6 höher als 5 ist.

2. Ein Paar

Beispiel 1:

Adam hält:

Eva hält:

Auf dem Tisch liegen:

Adams Hand: ein Ass-Pärchen
Evas Hand: ein Buben-Pärchen

Asse sind höher als Buben, deshalb gewinnt Adam. Es ist gleichgültig, ob das Paar komplett in der Hand liegt oder mit einer Gemeinschaftskarte gebildet wird.

Beispiel 2:

Adam hält:

Eva hält:

Auf dem Tisch liegen:

Adams Hand:	ein Paar Könige mit 8 als Kicker
Evas Hand:	ein Paar Könige mit Dame als Kicker (A und J sind ebenfalls Kicker, sie gehören zu beiden Händen, aber da sie identisch sind, entscheidet der dritte Kicker).

Dame ist höher als 8, deshalb gewinnt Eva.

Beispiel 3:

Adam hält:

Eva hält:

Auf dem Tisch liegen:

Adams Hand: ein Paar Buben mit A, K, Q als Kicker
Evas Hand: ein Paar Buben mit A, K, Q als Kicker

Beide haben identische Hände – der Pot wird geteilt.

Beispiel 4:

Adam hält:

Eva hält:

Auf dem Tisch liegen:

Adams Hand: Ass-Pärchen mit K, Q, 5 Kicker
Evas Hand: Ass-Pärchen mit K, Q, 5 Kicker

Adam hat zwar die höhere Beikarte, diese zählt jedoch nicht, da die drei Kicker auf dem Tisch liegen. Der Pot wird geteilt.

3. Zwei Paare

Beispiel 1:

Adam hält:

Eva hält:

Auf dem Tisch liegen:

Adams Hand:	zwei Paare, Damen und 5er
Evas Hand:	zwei Paare, 7er und 4er

Adam gewinnt, da Damen höher als 7er sind.

Beispiel 2:

Adam hält:

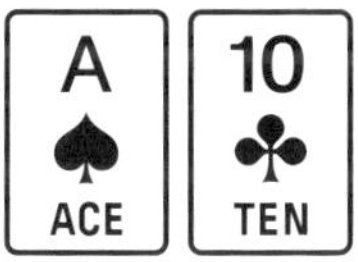

Eva hält:

Auf dem Tisch liegen:

Adams Hand: zwei Paare, Asse und Damen
Evas Hand: zwei Paare, 8er und Damen

Obwohl Adam nur ein Paar mit seinen Hole Cards bildet, gewinnt er (Asse höher als Damen), da ein Paar auf dem Tisch liegt. Dass Eva drei Paare hat, spielt keine Rolle, es zählen ja nur 5 Karten.

Beispiel 3:

Adam hält:

Eva hält:

Auf dem Tisch liegen:

Adams Hand:	zwei Paare, Könige und 3er
Evas Hand:	zwei Paare, Könige und 5er

Da das höchste Paar bei beiden gleich ist, entscheidet das zweite Paar. Dies ist bei Eva höher.

Beispiel 4:

Adam hält:

Eva hält:

Auf dem Tisch liegen:

Adams Hand: zwei Paare, Könige und 9er, J Kicker
Evas Hand: zwei Paare, Könige und 9er, T Kicker

Die zwei Paare sind gleich, Adam gewinnt durch den besseren Kicker.

4. Drilling

Beispiel:

Adam hält:

Eva hält:

Auf dem Tisch liegen:

Adams Hand:	Ass-Drilling mit Damen-Kicker
Evas Hand:	Ass-Drilling mit König-Kicker

Eva gewinnt durch den höheren Kicker.

5. Straße

Beispiel:

Adam hält:

Eva hält:

Auf dem Tisch liegen:

Adams Hand: Straße, 9 bis K
Evas Hand: Straße, 7 bis J

Adam gewinnt, weil er die höhere Straße hält.

6. Flush

Beispiel 1:

Adam hält:

Eva hält:

Auf dem Tisch liegen:

Adams Hand: Flush, Queen high
Evas Hand: Flush, Ace high

Beide halten einen Flush, Eva hat aber vom Flush die höchste Karte. Sie gewinnt.

Beispiel 2:

Adam hält:

Eva hält:

Auf dem Tisch liegen:

Adams Hand: Flush, King high, 4 low
Evas Hand: Flush, King high, 2 low

Beim Flush zählen – nach dem Prinzip der High Card – unter Umständen alle Karten. Hier sind vier Karten identisch, die niedrigste ist jedoch bei Eva niedriger. Somit gewinnt Adam.

Beispiel 3:

Adam hält:

Eva hält:

Auf dem Tisch liegen:

Adams Hand: Flush, Ace high
Evas Hand: Flush, Ace high

Hier greift wieder das High-Card-Prinzip: Während die zwei höchsten Karten identisch sind, weicht die dritte ab (J bei Eva, 8 bei Adam). Eva gewinnt.

Beispiel 4:

Adam hält:

Eva hält:

Auf dem Tisch liegen:

Adams Hand: Flush, Ace high
Evas Hand: Flush, Ace high

Der einzige Fall mit geteiltem Pot bei zwei Flush-Händen entsteht, wenn die fünf höchsten Flush-Karten auf dem Tisch liegen. Dieser liegt hier vor.

7. Full House

Beispiel 1:

Adam hält:

Eva hält:

Auf dem Tisch liegen:

Adams Hand: Full House, Kings full of Tens
Evas Hand: Full House, Sixes full of Kings

Adam hält den höheren Drilling; er gewinnt.

Beispiel 2:

Adam hält:

Eva hält:

Auf dem Tisch liegen:

Adams Hand: Full House, Fives full of Jacks
Evas Hand: Full House, Fives full of Sixes

Der Drilling ist bei beiden gleich, also entscheidet das Paar. Dieses ist bei Adam höher. Er gewinnt.

8. Vierling

Beispiel 1:

Adam hält:

Eva hält:

Auf dem Tisch liegen:

Adams Hand: Vierling, 8er
Evas Hand: Vierling, Buben

Eva hat den höheren Vierling. Sie gewinnt.

Beispiel 2:

Adam hält:

Eva hält:

Auf dem Tisch liegen:

Adams Hand: Vierling, 6er mit 5 als Kicker
Evas Hand: Vierling, 6er mit Ass als Kicker

Beide halten den gleichen Vierling. Der höhere Kicker entscheidet zugunsten von Eva.

9. Straight Flush

Beispiel:

Adam hält:

Eva hält:

Auf dem Tisch liegen:

Adams Hand: Straight Flush, 4 bis 8
Evas Hand: Straight Flush, 6 bis T

Eva gewinnt, weil ihr Straight Flush höher ist.

10. Royal Flush

Den Royal Flush können zwei oder mehrere Spieler nur in dem äußerst seltenen Fall haben, wenn er komplett auf dem Tisch liegt. Der Pot wird dann geteilt.

Allgemeine Konzepte

Wahrscheinlichkeiten

In diesem Abschnitt werden Begriffe wie Odds, Pot Odds, Implied Pot Odds, Outs und discounted Outs besprochen. Sie sind bei der Entscheidungsfindung extrem wichtig: Wenn Sie ihren Gebrauch einmal gut verstanden haben, werden Sie anderen gegenüber einen signifikanten Vorteil haben. Fangen wir mit den Definitionen an:

Odds

Odds sind eine bestimmte Form, Wahrscheinlichkeiten anzugeben. Während die Wahrscheinlichkeit im Allgemeinen in Prozent ausgedrückt wird, ist es im Poker üblich, sie als Zahlenverhältnis von Nicht-Eintreffen und Eintreffen eines Ereignisses anzugeben. 25 % Wahrscheinlichkeit heißt in dieser Form: 3–1 (das Ereignis trifft einmal ein und dreimal nicht ein).

Pot Odds

Pot Odds setzen die Potgröße ins Verhältnis zum zu callenden Einsatz. Wenn der Pot z. B. 5 BB enthält und ein BB zu callen ist, betragen die Pot Odds 5–1.

Implied Pot Odds

Implied Pot Odds drücken das Verhältnis zwischen dem zu callenden Einsatz und der Potgröße mit den zusätzlichen Einsätzen, die man später noch dazugewinnt, aus. Wenn im Pot z. B. 5 BB liegen, eine Bet zu callen ist und im Falle eines Sieges noch zwei dazukommen, sind die Implied Pot Odds 7–1.

Outs

Outs sind die Karten, mit deren Hilfe man die Hand verbessert.

Discounted Out

Die Discounted Outs bekommt man, wenn man von den Outs diejenigen abzieht, die die Hand zwar verbessern, einem anderen aber eine noch bessere Hand ermöglichen.

Beispiel:

Sie halten:

Auf dem Tisch liegen:

Im Pot liegen 6 BB; es ist eine BB zu callen.

Wenn Sie Ihren Flush machen, haben Sie die Nut Hand, es sei denn, jemand hat Full House oder höher (Straight-Flush ist nicht möglich).

Deshalb haben Sie 7 Outs zur Nut Hand:

und

sind keine vollwertigen Outs, weil sie das Board paaren, d.h. Full House oder Vierling ermöglichen.

Insgesamt gibt es also aus den 46 ungesehenen Karten 7 vollwertige Outs und 39 Non-Outs. Das ergibt ein Verhältnis von 5,6–1. Dies sind Ihre Odds, die Nuts zu erreichen.
Nun müssen Sie die Implied Pot Odds berechnen: Im Pot liegen 6 BB, und falls Ihr Draw sich materialisiert, werden Sie meistens mindestens eine weitere BB am River dazugewinnen. Eine Bet ist zu callen, d.h., die Implied Pot Odds betragen 7–1.
Ihre Entscheidung: Da die Pot Odds höher sind als die Odds zu den Nuts (5,6–1 gegen 7–1), erwarten Sie durch den Call einen statistischen Gewinn. Sie callen also.
In diesem Beispiel kam implizit der Sachverhalt des Discountings der Outs vor. Nach dem Turn kennen Sie bereits vier Pik-Karten, d.h., es gibt nur noch weitere 9 im Deck. Diese sind Outs für Sie, da sie alle die Hand verbessern. Im Weiteren könnte man auch noch die drei Asse und die drei 3er dazuzählen, da sie die Hand ebenfalls verbessern. Diese 15 Outs muss man jedoch discounten:

und

aus dem oben genannten Grund (paaren das Board), die Asse, weil sie gegen Drillinge oder zwei Paare verlieren können, und die 3er, weil sie außer gegen Drillinge und zwei Paare auch gegen höhere Paare verlieren können. Es bleiben also etwas mehr als 7 discounted Outs (je nachdem, wie weit man die partiellen Outs berücksichtigt).
In der Praxis werden Sie jedoch über die gegnerische Hand aufgrund des Spielverlaufs Informationen haben, sodass Sie die Outs genauer berechnen können. Wenn die Gegner im obigen Beispiel am Turn Schwäche zeigen, ist es unwahrscheinlich, dass sie zwei Paare oder Drillinge haben. In dem Fall können Sie die Asse,

und

getrost zu den Outs dazuzählen.

Verwirrend mag im Beispiel die Zahl der ungesehenen Karten wirken. Nach dem Turn sind ja bereits 24 Karten im Umlauf (jeder Gegner hält ja zwei), d.h., für Ihren Draw kommen nur noch 28 in Frage. Da wir aber die 18 Karten, die die Gegner halten, nicht kennen, können wir diese denen, die im Deck sind, gleichsetzen: Es könnte ja sein, dass alle Ihre Outs noch im Deck stecken! Deshalb spricht man hier von 46 ungesehenen Karten und verwendet diese Zahl für die Berechnung der Wahrscheinlichkeiten.

Zusammenfassend hier noch mal die Vorgehensweise:

1. Die Zahl der discounted Outs bestimmen und zu der Zahl der ungesehenen Karten in Relation setzen (= Odds für den Gewinn [OfG])
2. Die Implied Pot Odds (IPO) bestimmen
3. IPO und OfG vergleichen
4. Die beste Strategie bestimmen

Die Bedeutung der Position

Texas Hold'em ist ein Spiel mit festen Positionen. In jeder Runde ist die Reihenfolge, in der die Spieler agieren, festgelegt.
In der ersten Runde agiert der dritte Spieler links vom Dealer als Erster (abgesehen von den Zwangseinsätzen der Blinds), und der Big Blind schließt die Runde, falls niemand erhöht. In den weiteren Runden agiert immer der Small Blind als Erster oder, falls er nicht mehr im Spiel ist, der Spieler, der ihm links am nächsten kommt.
Der Spieler, der als Letzter agieren muss, verfügt über einen bedeutenden Vorteil: Er kennt bereits die Reaktionen der anderen und kann diese in seine Entscheidung mit einbeziehen. Während schlechte Spieler die Bedeutung der Position oft missachten, nutzen gute Spieler diese immer aus: Sie spielen die gleiche Hand in unterschiedlichen Positionen anders.
Die Position ist immer relativ und ändert sich je nach Situation.

Wenn ein mittlerer Spieler durch eine Erhöhung alle Spieler hinter sich ausschaltet, ist er praktisch der Dealer (agiert als Letzter), man sagt, er hat sich den Button gekauft.
Die Position übt großen Einfluss auf strategische Entscheidungen aus, ein Vorteil, der eine Reihe von Möglichkeiten eröffnet. Der Semi-Bluff oder das Kaufen von Free Cards ist beispielsweise vor allem in späten Positionen effektiv. Um die Pot Odds zu berechnen, ist es auch entscheidend, wie viele nach einem agieren: Sind nach mir noch mehrere Spieler an der Reihe, besteht die Möglichkeit einer Erhöhung, die meine Pot Odds negativ beeinflusst.
Die einzige Strategie, die man in frühen Positionen anwenden kann, ist der Check-Raise. Immer, wenn man eine starke Hand hat und Chancen sieht, dass jemand nach einem setzt, sollte man davon Gebrauch machen, um den Pot zu vergrößern. In anderen Fällen kann der Check-Raise die Hand schützen.

Das folgende Beispiel zeigt, wie Sie durch Ihren positionellen Vorteil Informationen gewinnen:

Sie halten 

am Button, zwei Limper sind drin, SB foldet, BB checkt. Vor dem Flop gab es also keine Erhöhung. Folglich sind Sie Letzter am Flop mit drei Spielern.

Auf dem Tisch liegen:

Die drei anderen checken. Nun wissen Sie, dass niemand eine Dame hat (Slowplay mit Top Pair ist unwahrscheinlich) und dass Sie mit dem 9er Paar mit hoher Sicherheit vorne liegen.

In einem weiteren Beispiel soll versucht werden, den Vorteil der Position zu quantifizieren:

Sie halten:

Auf dem Tisch liegen:

Sie spielen den River gegen einen schwachen, loose-passiven Spieler im Heads-Up, der auch mit schwächerer Hand callt. Er blufft nicht und erhöht nur mit sehr starken Händen.

Die Wahrscheinlichkeit seiner Hand schätzen Sie wie folgt ein:
1. Unkomplettierter Draw: 25 %
2. Etwas schlechtere Hand: 50 %
3. Etwas bessere Hand: 12,5 %
4. Straße oder Top Pair: 12,5 %

Bei 1) spielt er Check oder Fold, bei 2) und 3) Check oder Call, bei 4) Bet oder Raise.

Wenn Sie in Position sind, setzen Sie nach einem Check und folden nach einer Bet. Wenn Sie es nicht sind, setzen Sie. Wenn eine Erhöhung kommt, können Sie passen (diese Züge sind von den Wahrscheinlichkeiten und durch sein Spielverhalten diktiert).

So ergibt sich folgende Ausbeute:

	In Position	Out of Position
1.	0	0
2.	1	1
3.	-1	-1
4.	0	-1

Nun können Sie den Erwartungswert der Hand quantifizieren:

In Position:

$$(25\,\% \times 0) + (50\,\% \times 1) + (12{,}5\,\% \times [-1]) + (12{,}5\,\% \times 0) = 0{,}375$$

Out of Position:

$$(25\,\% \times 0) + (50\,\% \times 1) + (12{,}5\,\% \times [-1]) + (12{,}5\,\% \times [-1]) = 0{,}2$$

Es zeigt sich also, dass die Position in diesem Fall 0,125 BB wert ist.

Täuschungsmanöver

Slowplay

Von Slowplay spricht man, wenn eine sehr starke Hand so gespielt wird, als ob sie schwach wäre, d.h. checken statt setzen und callen statt erhöhen.

Gründe für Slowplay:

- Spieler in der Hand halten, die zu einer Bet folden würden.
- Hoffen, dass die gegnerischen Hände durch die billigen Karten zur zweitbesten Hand werden und gutes Mitspiel bringen.

Slowplay kann sehr effektiv sein, doch es gibt viele Situationen, wo man es nicht gebrauchen sollte.

Situationen, in denen man langsam spielt:

- Die Hand ist sehr stark, und das Board bedeutet keine Gefahren für Sie.
- Der Pot ist sehr klein.

Situationen, in denen man nicht langsam spielen sollte:

- Die Gegner sind sehr loose, d. h., sie callen sowieso alles.
- Das Board macht das Vorhandensein von guten zweitbesten Händen wahrscheinlich, sodass man gutes Mitspiel bekommt.
- Der Pot ist groß.
- Das Board kann für die Hand gefährlich werden.

Die folgenden Beispiele illustrieren diese Fälle:

Beispiel 1:

Sie halten:

Auf dem Tisch liegen:

Fünf Spieler sind in der Hand.

Sie haben eine sehr starke Hand. Der Board bietet vielerlei Möglichkeiten für Draws (Flush-Draw, Straight-Draw), sodass bei so vielen Spielern bestimmt gute zweitbeste Hände vorhanden sind. Deshalb brauchen Sie nicht langsam spielen, Sie haben gute Chancen, Mitspiel zu bekommen.

Beispiel 2:

Sie halten:

Auf dem Tisch liegen:

Die Kartenkonstellation ist identisch, es ist jedoch nur ein Spieler in der Hand. Sie haben in LP erhöht und er in BB gecallt. Hier kann man gut langsam spielen und hoffen, dass der Gegner seine Hand verbessert und am Turn gut mitspielt.
Aggressives Spiel kommt ebenfalls in Frage: Ein aufmerksamer Spieler kann argwöhnisch werden, wenn Sie nach einem Preflop-Raise checken. Da kann eine Flop-Bet weniger Angst erregen als eine Turn-Bet.

Beispiel 3:

Sie halten:

Auf dem Tisch liegen:

Wenn man preflop erhöht hat, sollte man hier auch am Flop setzen und hoffen, dass jemand das vierte Ass oder eine Straight-Draw hat. Slowplay funktioniert hier nur, wenn eine Hand wie KQ ein Paar am Turn trifft. Allerdings macht das Ass auf dem Tisch die Spieler ängstlich, und sie würden vielleicht auch dann nicht mitspielen.

Beispiel 4:

Sie halten:

Auf dem Tisch liegen:

Hier können Sie so gut wie gar nicht verlieren. Da viele Spieler Asse spielen, trifft jemand bestimmt Top Pair und spielt mit, sodass Sie kein Slowplay brauchen. Wenn alle folden, hätte Slowplay wahrscheinlich auch nichts gebracht.

Beispiel 5:

Sie halten:

Auf dem Tisch liegen:

Hier ist Slowplay gut. Die Spieler mit Assen haben Angst wegen des Buben (sie haben nur drei Outs), und Aggression würde sie vertreiben. Wenn Sie jedoch Schwäche signalisieren, bleiben sie eventuell drin.

Beispiel 6:

Sie halten:

Auf dem Tisch liegen:

LP machte Open-Raise, und nur Sie gingen mit in BB.

Wenn Sie es mit einem aggressiven Spieler zu tun haben, können Sie am Flop setzen. Er wird mit Händen wie AK oder AT für Free Card erhöhen. Am Turn können Sie dann durch eine Bet einen Strich durch seine Rechnung machen.
Ist der Spieler defensiv, sollten Sie langsam spielen.

Beispiel 7:

Sie halten:

Auf dem Tisch liegen:

Sie haben in BB gecheckt, nachdem nur der SB gecallt hatte.

Hier ist das Board gefährlich (Flush-Gefahr), aber weil nur ein Spieler außer Ihnen drin ist und der Pot extrem klein ist, sollten Sie Slowplay riskieren.

Beispiel 8:

Sie halten:

Auf dem Tisch liegen:

Einige Spieler sind in der Hand.

Hier ist das Board extrem gefährlich, Flush- und Straight-Draws sind möglich. Durch aggressives Spiel (Bet oder Check-Raise) müssen Sie Ihre Trips gegen sie verteidigen.

Free Card

Das Free Card Spiel ist eine Strategie, die auch in Low Limit Games sehr gut funktioniert. Es bedeutet Folgendes: Man erhöht in letzter Position mit einem guten Draw, um zu erreichen, dass am Turn alle vor einem checken. Danach kann man selber checken und den River »umsonst« sehen. »Umsonst« natürlich nicht, da man am Flop eine Small Bet investiert, diese ist aber billiger als eine Big Bet am Turn. Das Ganze funktioniert also nur, wenn die Einsätze am Turn verdoppelt werden (nur im Limit Hold'em.

Beispiel:

Sie halten:

Ihr Gegner hält:

Auf dem Tisch liegen:

Ihr Gegner setzt, und Sie erhöhen.

Der Turn:

Ihr Gegner checkt im Glauben, Sie hielten den König. Sie checken ebenfalls und erhalten umsonst die Chance, am River den Flush zu komplettieren.

Gegen aggressive Spieler funktioniert diese Strategie weniger gut: Sie erhöhen am Flop oft wieder oder setzen am Turn. Dieses Verhalten gilt generell als Abwehr des Free-Card-Spiels.

Zum Schluss folgt eine Beispielrechnung, die den Erwartungswert (EW) eines Free Card Raise zeigt:

Annahmen:
Ein Gegner.
Wenn Sie am Flop erhöhen, callt der Gegner und checkt am Turn.
Wenn Sie am Flop nur callen, setzt der Gegner, bis die dritte Flush-Karte kommt: Dann macht er Check/Call.

Flush kommt	EW/Raise Flop	EW/Call Flop
1. Am Turn (19,15 %)	+3	+2,5
2. Am River (15,82 %)	+2	+2,5
3. Gar nicht (65,03 %)	–1	–1,5

Erklärung:
- Beim Raise: 2 SB am Flop, 1 BB am Turn, 1 BB am River, d.h. insgesamt 3 BB
- Beim Call: 1 SB am Flop, 1 BB am Turn, 1 BB am River, d.h. insgesamt 2,5 BB
- Beim Raise: 2 SB am Flop, 0 BB am Turn, 1 BB am River, d.h. insgesamt 2 BB
- Beim Call: 1 SB am Flop, 1 BB am Turn, 1 BB am River, d.h. insgesamt 2,5 BB
- Beim Raise: 2 SB am Flop, 0 BB am Turn, 0 BB am River, d.h. insgesamt –1 BB
- Beim Call: 1 SB am Flop, 1 BB am Turn, 0 BB am River, d.h. insgesamt –1,5 BB

Somit errechnet sich der Erwartungswert für einen Raise wie folgt:

EW(R):
(19,15 % × 3) + (15,82 % × 2) + (65,03 % × [-1]) = 0,24 BB

Der Erwartungswert für einen Call:

EW(C):
(19,15 % × 2,5) + (15,82 % × 2,5) + (65,03 % × [-1,5]) = -0,10 BB

Diese Rechnung lässt die Einsätze vor dem Flop außer Acht. Rechnet man diese auch mit, haben sowohl Raise wie auch Call eine positive Erwartung. Hier ging es jedoch nur darum, den Unterschied dieser zwei Erwartungswerte zu zeigen. Dieser beträgt immer 0,34 BB.

Check-Raise

Der Check-Raise ist eine Art Slowplay. Der Spieler checkt mit der Absicht zu erhöhen, nachdem jemand gesetzt hat. Meistens glaubt der Check-Raiser, die beste Hand zu halten, und will mehr Geld in den Pot bekommen und/oder die Hand verteidigen, indem er das Mitspielen möglichst teuer macht.

Beachten Sie
In manchen Kreisen ist der Check-Raise verboten: Er wird als betrügerisch und gemein angesehen. In Wahrheit ist er ein wichtiger Bestandteil des strategischen Arsenals; ohne ihn ist Hold'em ein verkrüppeltes Spiel.

Hier noch mal zusammengefasst die Gründe für einen Check-Raise:

- Gegner vertreiben: Nehmen wir an, Sie halten

im BB und callen einen Raise des Buttons. Einige Spieler sind in der Hand drin.

Der Flop ist 

.

Eine einfache Bet würden wahrscheinlich alle Spieler mit Overcards callen; wenn Sie jedoch check-raisen, vertreiben Sie diese Gegner. So haben Sie das Feld auf den Preflop-Raiser reduziert und haben die Zahl Ihrer Outs erhöht. Natürlich kann jemand auch ein Overpair halten, Sie müssen aber dieses Risiko eingehen, um die Chancen, die Hand zu gewinnen, zu erhöhen.

- Gegner zu fehlerhaften Calls verleiten: Spieler mit einem schwachen Draw begehen einen Fehler, wenn sie zwei Bets mitgehen (die Pot Odds reichen nicht).
- Den Pot vergrößern mit der besten Hand: Check-Raise mit der besten Hand ist eine gute Methode, die Gewinne zu maximieren.
- Die Pot-Odds mit guten Draws erhöhen: Wenn Sie z. B. einen Flush-Draw halten (2–1 zum möglichen Gewinn), machen Sie bereits Gewinn, wenn drei Spieler callen.
- Den Pot mit einem Semi-Bluff gewinnen: Wenn Sie mit einem guten Draw einen Einsatz auf jeden Fall mitgehen würden, können Sie durch Check-Raise auch versuchen, den Pot sofort zu gewinnen.

Um erfolgreich zu check-raisen, muss man sicher sein, dass anschließend einer setzt. Wenn dies nicht eintrifft, hat man den Gegnern eine Free Card gewährt. Dies kann katastrophale Fol-

gen haben. Deshalb sollte man mit Händen, die gegen eine Free Card anfällig sind (z. B. niedriges Top-Pair), direkt setzen und nur mit weniger anfälligen Händen (Ass-Top-Pair) check-raisen.
Die Strategie mit Check-Raise macht einen – ein schöner Nebeneffekt – unberechenbarer: Würde man mit guten Händen immer setzen und mit schlechten immer checken, so könnten die Gegner einen leicht durchschauen. Zu viel Check-Raisen ist allerdings auch nicht gut, weil die Gegner dann aus Angst nicht mehr setzen. Deshalb ist es empfehlenswert, die Strategien zu variieren.

Semi-Bluff

Semi-Bluff bedeutet, setzen oder erhöhen, um die Gegner zum Folden zu bringen, mit dem Unterschied zum Bluff, dass man auch Gewinnchancen hat – durch Verbesserung der Hand –, wenn die Gegner callen. Den Begriff hat David Sklansky eingeführt.

Bei einem Semi-Bluff gibt es zwei Möglichkeiten zu gewinnen:
Alle Gegner folden
Die Hand wird durch spätere Karten zur besten Hand verbessert

Am folgenden Beispiel untersuchen wir die Profitabilität eines Semi-Bluffs:

Sie halten 

im Button.

Ihr Gegner hält 

in MP3.

Er macht einen Open-Raise, Sie callen, und alle anderen folden.

Der Flop:

Er checkt, Sie setzen, er erhöht, Sie callen.

Der Turn:

Der Gegner setzt.

Wenn Sie die gegnerische Hand kennen, wissen Sie, dass Sie 15 Outs (9 Herzen zum Flush, 3 Könige und 3 Asse) haben. Eine Erhöhung wäre hier ein Semi-Bluff, da Sie hoffen, dass der Gegner foldet; falls jedoch nicht, haben Sie Chancen, die beste Hand am River zu erreichen. Ihr Gegner kann nach dem Partieverlauf vermuten, dass er geschlagen ist (Sie können Jx oder höhere Pocket Pairs halten), und folden.

Um die Erwartungswerte zu berechnen, seien folgende Annahmen gegeben:
Die Chance, die beste Hand am River zu bekommen, beträgt 15/44.
Der Gegner foldet nach einem Raise in 20 % und callt in 80 % der Fälle.
Falls Sie nichts treffen, bluffen Sie nicht am River.
Falls Sie erhöhen und die Hand verbessern, checkt der Gegner am River und callt die Bet in 50 % der Fälle.
Falls Sie nur callen und gewinnen, bekommen Sie 7,75 BB (der Gegner checkt und callt Ihre Bet).

Wenn der Gegner auf Ihren Raise foldet, bekommen Sie 6,75 BB. Gewinnen Sie nach einem Turn-Raise am River, bekommen Sie im Schnitt 8,25 BB.
Verlieren Sie nach einem Raise, sind es –2 BB.

Der Erwartungswert eines Calls am Turn:

$$EW(C) = (15/44 \times 7{,}75\ BB) + (29/44 \times [-1\ BB]) = 1{,}98\ BB$$

Der Erwartungswert eines Raise am Turn (Semi-Bluff):

$$EW(R) = (20\ \% \times 6{,}75\ BB) + (80\ \% \times 15/44 \times 8{,}25\ BB) + (80\ \% \times 29/44 \times [-2\ BB]) = 2{,}54\ BB$$

Sie sehen also, dass ein Semi-Bluff bei den gegebenen Parametern einen Erwartungsvorsprung von 0,56 BB hat.

Wenn Ihr Gegner jedoch nie foldet, ist ein Semi-Bluff nicht profitabel:

$$EW(R) = (15/44 \times 8{,}75\ BB) + (29/44 \times [-2\ BB]) = 1{,}66\ BB$$

Hier stehen also 1,66 BB bei Raise 1,98 BB bei Call gegenüber.

Durch einfache Mathematik können Sie den Break-Even-Punkt für Call und Raise berechnen. Dieser ist in diesem Fall: 9 %. Wenn der Gegner also genau in 9 % der Fälle callt, haben Raise und Call von Ihrer Seite die gleiche Erwartung.
Natürlich bringt die Änderung der anderen Parameter auch eine Änderung für das Resultat mit sich: Wenn der Pot größer ist oder wenn Ihre Gewinnchancen höher liegen, ist ein Semi-Bluff noch profitabler.

Allerdings können Sie diese Berechnungen in der Hitze des Gefechts am Tisch nicht durchführen (es sei denn, Sie sind ein Mathematik-Genie). Sie sollten Ihnen jedoch ein besseres Gefühl für die Situation und mehr Einsicht in das Thema bieten.
Als wichtiges Fazit sei am Schluss noch mal erwähnt, dass ein Semi-Bluff nur dann profitabel ist, wenn der Gegner bereit ist, schwächere Hände zu folden. Gegen loose Spieler, die man im Low-Limit-Bereich häufig vorfindet, geht diese Strategie meistens nach hinten los.

Bluffen

Bluffen ist das berühmteste Poker-Konzept. Es bedeutet, man setzt oder erhöht mit einer Hand, die keine Gewinnchancen hat, falls jemand mitgeht. Ziel beim Bluffen ist es also, die Gegner zum Folden zu bringen.

Um erfolgreich zu bluffen, müssen Sie einige Faktoren beachten:

1. Zahl der Gegner: Bluffs sind meistens gegen 1 bis 2 Gegner erfolgreich. Bei 3 oder mehr Gegnern besteht kaum die Chance, erfolgreich zu bluffen.
2. Charakter und Spielstärke des Gegners: Es ist leichter, gegen starke Spieler zu bluffen, da sie bereit sind, schwache Hände wegzuwerfen. Gegen Maniacs und schwache Spieler geht es schwerer, weil sie auch schlechte Hände weiterspielen.
3. Potgröße: Je größer der Pot, umso schwerer lassen sich die Gegner vertreiben wegen der guten Pot Odds. Auf der anderen Seite wird ein erfolgreicher Bluff mehr belohnt.
4. Ihr Image am Tisch: Falls Sie ein looses Image haben, werden Ihnen die Gegner weniger Bluffs glauben, als wenn Sie tight spielen.
5. Verlauf der Runde: Der Verlauf bietet einem Möglichkeiten zum Bluffen (wenn z. B. die Gegner Schwäche zeigen).
6. Repräsentieren einer bestimmten Hand: Je nach Board können Sie durch Ihr Verhalten eine starke Hand glaubhaft machen. Dies gilt besonders, falls eine scary card auftaucht. Wenn z. B.

ein Ass kommt, können Sie – vor allem, wenn Sie preflop geraist haben – das Ass-Pärchen repräsentieren.

7. Position: Die Position kann einem helfen, Bluff-Möglichkeiten zu identifizieren. Ein häufiger Fall: Sie spielen in später Position, und die Gegner zeigen durch Checken Schwäche.
8. Setzrunde: Am River kann man schwerer bluffen, da die Leute bis zum Showdown nur eine Bet callen müssen. In den früheren Runden sind die Chancen besser.
9. Die Beschaffenheit der Boardkarten: Manche Boards machen das Bluffen schwierig. Ist der Flop z. B. gut koordiniert, so sind Draws oder fertige Hände wahrscheinlich.

Regenbogenflops (3 Farben) mit einer hohen Karte, z. B.

bieten gute Chancen zum Bluffen. Wenn der Gegner das Top Pair nicht getroffen hat, wird er oft folden.

Hier noch einige häufige Situationen:

- Setzen am River mit einem geplatzten Draw: Wenn Sie vermuten, dass der Gegner eine schwache Hand oder einen geplatzten Draw hält, gewinnt eine Bet oft den Pot.
- Sie sind in Late Position, und alle checken vor Ihnen: Nachdem alle Schwäche gezeigt haben, ist die Lage perfekt für einen Bluff. Man muss jedoch auf Check-Raise achtgeben.
- Setzen in den Blinds bei zerrissenem Flop: Wenn Sie vermuten, dass die Gegner keine niedrige Karten halten (weil sie z. B. preflop erhöht haben), kann eine Bet erfolgreich sein.
- Setzen am Flop nach einem Preflop-Raise: Hier können Sie eine starke Hand repräsentieren, auch wenn Sie keine haben.

Ein Beispiel soll den Erwartungswert eines Bluffs in einer bestimmten Situation zeigen:

- Es besteht eine 25%ige Chance, die beste Hand zu haben.
- Wenn der Gegner die bessere Hand hält, foldet er in 40 % der Fälle.
- Hält er die schlechtere Hand, foldet er immer.
- Der Gegner ist Erster am River und checkt.
- Es liegen 5 BB im Pot.

Erwartungswert beim Checken:

$$EW(Ch) = (25\,\% \times 5\,BB) + (75\,\% \times 0\,BB) = 1{,}25\,BB$$

Erwartungswert beim Setzen (Bluff):

$$EW(B) = (25\,\% \times 5\,BB) + (75\,\% \times 40\,\% \times 5\,BB) + (75\% \times 60\% \times [-1\,BB]) = 2{,}3\,BB$$

Das Beispiel zeigt also, dass das Bluffen in dieser Situation dem Nicht-Bluffen gegenüber einen Erwartungsvorsprung von 1,05 BB hat.

Den Gegner lesen

Den Gegner lesen bedeutet, aufgrund von bestimmten Zeichen auf seine Karten zu schließen.

Grundsätzlich gibt es zwei Arten, den Gegner zu lesen:
- aufgrund seiner Körpersprache
- aufgrund seines Spiels

Körpersprache ist natürlich nur in Live-Spielen wahrnehmbar, hat also im Internet keine Bedeutung.
Die Körpersprache zu deuten erfordert gute Beobachtungsgabe und große Aufmerksamkeit. Wie man seine Chips anfasst, wie

viel man nachdenkt, ob man errötet – all diese Zeichen können von Bedeutung sein. Manche Spieler schauen einem ins Auge, wenn sie bluffen, und schauen weg, wenn sie etwas haben. Andere verhalten sich gerade andersherum. Diese Motive müssen Sie verfolgen, um wiederkehrende Muster festzustellen.

Beachten Sie
Allerdings sind diese Art Zeichen immer mit Vorsicht zu genießen: Starke Spieler verstehen sich darauf, Sie zu manipulieren oder gar keine Zeichen von sich zu geben.

Im Internet liegen derartige Zeichen nur in Form der Geschwindigkeit vor, wie man agiert. Daraus lassen sich ebenfalls Schlüsse ableiten, wobei diese oft nicht sehr zuverlässig sind. Wir wissen ja nicht, ob der Spieler an mehreren Tischen spielt oder ob er während des Spiels gerade seine E-Mails liest. Beide Fälle können Verzögerungen verursachen.

Durch Beobachtung werden Sie bestimmt einige Muster erfassen, die Sie sich nutzbar machen können. Hier einige Beispiele:

- Ein Check nach einer Pause bedeutet meistens Schwäche.
- Eine Bet nach einer Pause bedeutet meistens Stärke.
- Ein Preflop-Raise ohne Verzögerung bedeutet eine Cap-Hand. Hier kann man ziemlich sicher sein. Ohne Verzögerung bedeutet, dass der Spieler den Spielzug schon angeklickt hat (hier »raise any«), bevor er drankam. Immer erhöhen, egal, was vor einem passiert, kann man nur mit Cap-Händen.

Viel wichtiger als das Beobachten der Körpersprache ist jedoch das Deuten des gegnerischen Spiels. Je nachdem, ob der Spieler callt oder raist, in welcher Position er sitzt, ob andere schon in der Hand sind oder ob vor ihm erhöht wurde, können wir seine möglichen Hände deutlich begrenzen.

Wenn beispielsweise ein Preflop-Raise kalt gecallt wird, hat er eine starke, doch keine Premium-Hand. Mit diesem Wissen kann man ihn erfolgreich bluffen, falls der Flop niedrig ist. Hat der Flop dagegen hohe Karten, ist Vorsicht geboten.
Ein Open-Raise in LP kann auch mit einer schwächeren Hand erfolgen, während man mit Limpern in der Hand nur mit starken Händen erhöht.

Diese Schlussfolgerungen funktionieren natürlich nur, wenn der Gegner logisch spielt, d.h., schwache Spieler in low limits oder beim Spielgeld sind viel unberechenbarer. Dieser Nachteil gleicht sich jedoch erfreulicherweise durch ihr fehlerhaftes Spiel aus.

Für das Händelesen sprechen einige Punkte. Man möchte feststellen,

- ob der Gegner blufft,
- ob er geblufft werden kann,
- ob man seinen Einsatz mitgehen kann,
- ob er mitgeht, wenn man mit seiner starken Hand setzt.

Diesen Abschnitt möchte ich mit einem ausführlichen Beispiel beschließen, das zeigen soll, wie man den Gegner durch sein Spiel liest.

Wir nehmen an, dass unser Gegner, genauso wie wir, ein guter Spieler ist, d.h. logisch spielt.

Wir halten 88 in EP; unser Gegner callt in LP, nachdem einige gelimpt haben.

Schlussfolgerung: Seine Hand kann nicht allzu stark sein, sonst hätte er erhöht.

Der Flop:

Wir setzen, alle anderen folden, er erhöht, wir erhöhen, er callt.

Der Turn:

Wir setzen, er callt.

Der River:

Wir setzen. Er erhöht!

Was kann er nun haben?

Aus dem bisherigen Spielverlauf lassen sich folgende Schlüsse ziehen:

- Die 7 hat ihm geholfen, sonst hätte er schon früher erhöht.
- Seine Hand war davor auch schon gut, da er mitgegangen ist.

Welche Hände kommen also in Frage?

- QQ: Nein, da er schon preflop erhöht hätte.
- 77: nein, sonst hätte er am Flop gefoldet und auf keinen Fall erhöht, da andere die Dame haben konnten.

- 24, 27, 28, 47, 48: Nein, diese Hände hätte er preflop nicht gespielt.
- 22, 44, 78, Q2, Q4, Q8: Nein, mit diesen Händen hätte er schon früher Aggression gezeigt. Mit Q2 kann er natürlich gedacht haben, er wartet, bevor er erhöht, ab, ob das Board sich paart und seine zwei Paare dadurch entwertet. Dies ist allerdings schlechtes Spiel, und was für uns wichtig ist: auch in diesem Fall liegen wir vorne.
- Q7: Unwahrscheinlich, denn als aggressiver Spieler hätte er zwar den Flop raisen können, um Asse und Könige auszuschalten, aber spätestens nach dem Reraise war Folden angesagt.

Was ist aber mit 

?

Alle seine Spielzüge machen mit diesem Blatt einen Sinn! Er hatte einen Flush-Draw, was seiner Hand genügend Wert gab drinzubleiben. Am River hat er zwei Paare und setzt mich auf AQ oder KQ oder auf niedrigere zwei Paare (wohlgemerkt, nicht auf Flush-Draw: Da würde die letzte Erhöhung sinnlos sein, da ich sowieso folde). Ein Set glaubt er mir nicht, da ich den Flop nicht langsam gespielt habe.

Mit diesen Überlegungen haben wir also die gegnerische Hand bestimmt und können die Konsequenzen ziehen: Reraise River!

Nut Hands

Unter Nut Hand versteht man die bestmögliche Hand, die sich aus den Gemeinschaftskarten erstellen lässt. Die Nuts schnell zu erkennen bedeutet einen großen Vorteil; Spielentscheidungen lassen sich leichter finden und bringen einem mehr Sicherheit. Bestimmte Eigenschaften der Gemeinschaftskarten können schnelle Rückschlüsse auf die Nuts erstellen. Diese Eigenschaften wollen wir hier erörtern, um Ihnen eine leichte Orientierung in der aktuellen Spielsituation zu gewähren.

Um die Nuts zu bestimmen, müssen Sie folgende Fragen klären:
1. Ist das Board 3-suited und können die suited cards eine Straße bilden?
2. Ist das Board gepaart?
3. Ist das Board 3-suited?
4. Lassen die Boardkarten eine Straße zu?

Wenn Sie eine Frage mit Ja beantworten und die darüberliegenden mit Nein, ergeben sich folgende Schlüsse:
1. Die Nuts sind ein Straight Flush (oder Royal, der nichts anderes ist als der höchste Straight Flush).
2. Die Nuts sind ein Vierling der gepaarten Sorte. Falls die gepaarte Karte die höchste auf dem Board ist und Sie eine von der Sorte plus ein split pair mit der zweithöchsten Karte halten, haben Sie ebenfalls die Nuts. In dem Fall: ein Full House.
3. Die Nuts sind der Ace-high-Flush.
4. Die Nuts sind die höchstmögliche Straße.
5. Der Drilling mit der höchsten Boardkarte bildet die Nuts.

(Anmerkung zu 4.: Um eine Straßenmöglichkeit zu erkennen, müssen Sie folgenden Test durchführen: Liegen zwei Karten von einem Fünfer-Range [d. h. Entfernung voneinander max. 4 Plätze in der Reihe] auf dem Tisch? Ist eine dritte Karte zwischen diesen zwei? Wenn Sie beide Fragen mit Ja beantworten, ist eine Straße möglich.)

Wie man oben sieht: Die niedrigste Nut Hand ist immer mindestens ein Drilling: Pocket Pairs von der Sorte einer Gemeinschaftskarte kann einer immer halten. Der Drilling ist dann die Nuts, wenn die Boardkarten nicht gepaart, maximum 2-suited sind (d. h. kein Flush möglich) und keine Straße zulassen. In dem Fall ist der Drilling der höchsten Boardkarte die Nuts.

Beispiel:

Auf dem Tisch liegen:

Test: Flush nicht möglich, da Board nur 2-suited, Straße nicht möglich (s. Test oben), kein Paar. Ass ist die höchste Karte.
Die Nut Hand: Ass-Drilling.

Wenn das Board nicht gepaart und nicht mindestens 3-suited ist, kann die Straße die Nut Hand sein.

Beispiel:

Auf dem Tisch liegen:

Test: Flush nicht möglich (nur 2-suited), kein Paar. Es gibt einen Fünfer-Range mit einer Karte dazwischen (J und 7, mit der 9 dazwischen).
Die Nut Hand: Straße, 7 bis J (789TJ).

Ist das Board mindestens 3-suited, nicht gepaart und können die suited cards keine Straße bilden, ist der Ace-high-Flush die Nut Hand.

Beispiel:

Auf dem Tisch liegen:

Test: Board 3-suited (Herz), kein Paar, die Herzen können keine Straße bilden.

Die Nut Hand:

x♥ (Flush, Ace high)

Ist das Board gepaart und ein Straight Flush auszuschließen (s.o.), ist ein Vierling oder ein Full House die Nut Hand.

Beispiel:

Auf dem Tisch liegen:

Test: Straight Flush ist nicht möglich, da Board nur 2-suited, ein Paar liegt vor.

Die Nut Hand: Vierling, Könige

Wenn Sie K9 halten, haben Sie ebenfalls die Nuts, da ein Vierling nicht möglich ist (niemand hat KK). Sie halten das höchstmögliche Full House (höchstmöglicher Drilling, höchstes Paar). Wenn Sie z. B. K3 halten, sind es keine Nuts, da Sie von K9 geschlagen werden.
Falls die Könige nicht die höchsten Karten wären, z. B. statt 9 läge ein Ass auf dem Tisch, bilden AK ebenfalls keine Nuts. Diese hätte man in dem Fall nur mit AA.

Ist das Board mindestens 3-suited und diese suited cards können eine Straße bilden, ist der Straight Flush die Nut Hand.

Beispiel:

Auf dem Tisch liegen:

Test: Das Board ist 3-suited (Kreuz), und die Kreuze können eine Straße bilden (Fünfer-Range: 4 und 7, 5 dazwischen).

Die Nut Hand: 45678 in Kreuz

Der Bad Beat

Unter Bad Beat versteht man eine Niederlage mit einer starken Hand gegen einen Spieler, der inkorrekt gespielt hat und durch großes Glück eine stärkere Hand erreicht hat. Sie werden schnell mit ihm Bekanntschaft machen: Er kommt in low limit games besonders häufig vor.

Mit einem Beispiel wollen wir den Sachverhalt verdeutlichen:

Sie halten 

Drei Spieler callen, Sie erhöhen, LP2 erhöht, zwei callen, Sie erhöhen, alle callen.

Der Flop:

Sie setzen, LP2 erhöht, alle folden, Sie erhöhen, LP2 cappt, Sie callen.

Der Turn:

Sie setzen, und es wird wieder gecappt.

Der River:

Sie setzen, und es wird gecappt.

Am Showdown zeigt LP2 

und gewinnt mit einer Straße.

Kommentar:

- Am Flop spielen Sie völlig richtig aggressiv; Sie haben die Nuts, aber Flush-Draws sind möglich.
- Am Turn haben Sie immer noch die Nuts und freuen sich über das gute Mitspiel der LP2.
- Am River kommt zwar eine scary card, da zwei Straßen möglich sind (34567, 45678), Sie entscheiden sich jedoch für volle Aggression, da Sie LP2 nicht auf 36 oder auf 68 setzen, nachdem er preflop reraist hat.
- Ihre Entscheidungen waren völlig korrekt. LP2 jedoch hat viele Fehler gemacht: Er reraist preflop mit einer Hand, die es nicht einmal wert ist, den Zwangseinsatz zu callen. Er spielt aggressiv mit einem schwachen Draw. Solche Spieler nennt man Maniac. Zum Schluss trifft er jedoch gegen alle Wahrscheinlichkeit seine Straße! Sie verlieren einen großen Pot, nachdem Sie einen Haufen Geld hineingeworfen haben.

Solche Fälle können in der Psyche des Spielers tiefe Spuren hinterlassen und auf das weitere Verhalten Einfluss nehmen. Viele spielen danach on tilt und vergrößern damit die Verluste. Solche Situationen muss man kennen und sich ihren Ausnahmecharakter bewusst machen. So kommt man über den Bad Beat besser hinweg und gleicht die Verluste durch gesundes Spiel bald aus.

Die Hand verteidigen

Hände, die im Moment vorne liegen, aber durch Draws gefährdet werden können, muss man durch Setzen oder Erhöhen verteidigen.

Beispiel:

Sie halten:

Ihr Gegner hält:

Zwei callen, Ihr Gegner in LP1 callt, Sie callen in LP2, der BB checkt.

Der Flop:

Vor Ihnen wird gecheckt, Sie setzen, drei folden.

Ihr Gegner in LP1 hat einen Gutshot mit einer 11:1-Chance zur Straße. Er muss nach Ihrem Einsatz folden, wenn er korrekt spielt (die Pot Odds sind unter 11–1, Implied Odds auch zu wenig). Geht er mit, so macht er einen Fehler; langfristig verliert er damit Geld.

Ohne den Gutshot in der Hand werden Sie wahrscheinlich gewinnen, selbst wenn eine 7 kommt. Sie haben also Ihre Hand durch den Einsatz erfolgreich gegen den Draw verteidigt.

Manchmal können Sie die Hand durch eine einfache Bet nicht verteidigen. In dem Fall müssen Sie subtiler agieren.

Nehmen wir an, im vorigen Beispiel würde der BB erhöhen statt zu checken, und alle gehen mit. Wenn Sie dann am Flop setzen, liegen bereits 10,5 BB im Pot, sodass LP1 profitabel callen kann, d.h., Sie haben die Hand nicht verteidigt.

Sie müssen dafür sorgen, dass die Odds für LP1 nicht zum Mitspielen ausreichen. Durch Ihre Position ist es hier allerdings nicht möglich. Wären Sie in EP1, sähe es besser aus: Da BB vor dem Flop erhöht hat, hätten Sie gute Chancen, dass er bei diesem unkoordinierten Flop setzen wird, auch wenn er das Ass nicht hat. Diese Tendenz ist sehr verbreitet. Sie könnten dann den Einsatz des BB erhöhen. Damit hätten Sie gute Chancen, dass 1. manche folden, 2. dass LP1 die nötigen Odds (11–1) nicht zusammenbekommt. Auch in SB kann man eine erfolgreiche Verteidigung starten, indem Sie setzen und hoffen, der BB erhöht Ihren Einsatz und somit LP1 mit 2 Bets konfrontiert.

Draws verteidigen und Outs kaufen

Mit starken Straight- und Flush-Draws und zwei Overcards sollte man die Hand ähnlich wie oben verteidigen. Sind mehrere Spieler in der Hand, bedeutet jeder Call mehr Wert für Sie, das Folden kommt Ihnen jedoch auch entgegen, da in einem dünneren Feld Ihre Chancen, mit den Overcards zu gewinnen, falls der Draw nicht komplettiert wird, größer ist. Wenn Sie z.B. durch Ihre Erhöhung mit A9 AK zum Folden bringen, haben Sie sich zwei Outs (die übrigen Asse) gekauft, da Ihnen ein Ass am Board den Gewinn bringt.

Verteidigen beim sehr großen Pot

Bei sehr großen Pötten ist die Verteidigung der Hand nicht einfach. Folgendes Beispiel zeigt einen lehrreichen Fall:

Unser Spieler hält 

in LP1.

EP1 und EP2 callen, MP3 erhöht, LP1 erhöht, LP2 callt, EP1 und EP2 callen, MP3 cappt, alle callen.

Der Flop:

EP1 und EP2 checken, MP3 setzt, LP1 erhöht, alle callen.

Der Turn:

Alle checken, LP1 setzt, alle callen.

Der River:

Alle checken, LP1 setzt, LP2 erhöht, alle folden, LP1 callt.

LP2 zeigt T6 und gewinnt mit der Straße.

Solche Fälle frustrieren Low-Limit-Spieler oft. Man hat eine starke Hand, bildet einen großen Pot und verliert gegen einen glücklichen Gutshot. Unser Spieler sieht sich als Opfer eines Bad Beat, einer Verschwörung des Schicksals.
In diesem Fall aber ist der Verlust das Ergebnis seines schwachen Flop-Spiels!

LP2 hat im Laufe des Spiels nur einen (allerdings einen schrecklichen) Fehler gemacht: Er hat vor dem Flop mit einer sehr schwachen Hand zwei Erhöhungen kalt gecallt. Im weiteren Verlauf hat er alles richtig gemacht: Als er am Flop mit seinem Gutshot die zwei SB mitging, waren 24,5 SB im Pot, d.h., seine Pot Odds waren 12,25–1 (mit einem Gutshot hat man bekanntlich 11–1 Chancen zur Straße). Am Turn stimmten seine Odds ebenfalls (17,25–1).

LP1 konnte seine Hand, da der Pot so groß war, am Flop nicht verteidigen. Deshalb wäre die richtige Entscheidung am Flop: nur call.

Dies hätte zweierlei bewirkt:
1. Im Pot wären nur 27,5 SB gewesen.
2. MP3 hätte am Turn gesetzt.

Nun wäre die Situation gegeben, die Hand gegen den Gutshot zu verteidigen. Wenn er den Einsatz von MP3 am Turn erhöht, hätte LP2 folgende Situation: Im Pot liegen 16,75 BB, und er muss zwei BB bezahlen. Das bedeutet, er bekommt 8,375–1 Pot Odds – zu wenig also, den Gutshot weiterzuspielen.

Wie dieses Beispiel zeigt, ist es nicht immer richtig, mit einer starken Hand nur an den Aufbau eines großen Pottes zu denken. Unter Umständen muss man bis zum Turn warten – wo sich die Bets verdoppeln –, um die Hand zu verteidigen.

Spielphasen

In diesem Kapitel möchte ich näher auf die unterschiedlichen Spielphasen eingehen und die Besonderheiten hervorheben, die für jede einzelne Spielphase gelten.

Spiel vor dem Flop

Die erste Entscheidung, die man in einem Hold'em-Spiel treffen muss, ist die Preflop-Strategie. In der ersten Setzrunde kennt man nur die eigenen Startkarten und muss mit Hilfe einiger anderer Kriterien festlegen, ob man mitspielt oder nicht.

Grundsätzliches

Die richtige Preflop-Strategie übt enormen Einfluss auf die Gewinnerwartung des Spielers aus. Die meisten Anfänger machen den Fehler, nach dem Motto, »alle Karten können gewinnen«, zu viele Hände zu spielen. Nur Hände mit positiver Gewinnerwartung sind es wert, gespielt zu werden, egal wie gut man in den weiteren Spielphasen agiert.
Die Gewinnerwartung ist als statistischer Begriff von abstrakter Natur und lässt sich durch Übung kaum erschließen. Daraus folgt, dass jemand, der Hold'em spielt, zumindest für das Studium der Preflop-Strategie Zeit erübrigen sollte. Die gute Nachricht hierzu lautet: Die Preflop-Verhältnisse sind durch die relativ überschaubare Zahl der Kombinationsmöglichkeiten leicht zusammenzufassen und definitiv erlernbar.

In den Entscheidungsprozess müssen folgende Aspekte einfließen:
- Stärke der eigenen Hand
- Eigene Position
- Wie viele Spieler sind bereits in der Hand?
- Ist der Pot bereits erhöht?
- Wie locker ist das Spiel?

Diese Aspekte werden in diesem Kapitel ausführlich besprochen und auf konkrete Hände bezogen, sodass der Leser nach dem Studium in der Lage sein wird, ein solides Preflop-Spiel aufzubauen.

Die Verteilung der Starthände

Es ist nützlich, über gewisse Zahlenverhältnisse der Starthände Bescheid zu wissen, um die Wahrscheinlichkeiten bestimmter Kombinationen zu verstehen.
Insgesamt gibt es 1.326 Möglichkeiten, aus einem 52er Deck zwei Karten zu ziehen (ohne Rücksicht auf die Reihenfolge, eine Kombination 2 aus 52 ohne Rücklage also).

Die möglichen Hände lassen sich formell in drei Gruppen einteilen:

1. Paare
2. suited Hände
3. offsuit Hände

Es gibt insgesamt 13 Paare, und jedes Paar kommt in 6 verschiedenen Farbkombinationen vor.

Suited Hände gibt es 312, d.h. 78 pro Farbe (Kombination: 2 aus 13 ohne Rücklage).

Offsuit Hände gibt es 936, d.h. 78 in 12 verschiedenen Farbkombinationen.

In Hold'em sind jedoch die eigentlichen Farbkombinationen bei den Starthänden ohne Belang, d.h., es zählt nur, ob zwei Karten die gleiche Farbe haben oder nicht. Somit sind z.B.

und

oder

und

gleich. Wenn man so die Zahl der möglichen Kombinationen betrachtet, kommt man auf 169.

Das ist eine relativ kleine Zahl, und sie ermöglicht es, dass die Preflop-Strategie – wie noch zu sehen sein wird – gut in ihrer Gesamtheit erfasst werden kann.

Klassen der Starthände

Die profitablen Starthände lassen sich in drei funktionelle Kategorien unterteilen:

- Overcard-Hände
- spekulative Hände
- Krafthände

Overcard-Hände

Diese Hände bestehen aus zwei hohen offsuit Karten wie

Sie gewinnen meistens, indem sie ein Top Pair bilden, das die späteren Runden glücklich überlebt. Das meiste Geld machen sie in den früheren Runden (mit Preflop-Raise), da die gegnerischen Draws nach dem Scheitern in den späteren Runden gefoldet werden. Aus diesem Grund gewinnen diese Hände tendenziell kleine oder mittelgroße Pots.

Loose Games sind für diese Hände auch profitabel: Sie spielen sich zwar gegen 1 bis 2 Gegner am besten, doch das zusätzliche Geld von vielen schwachen Händen wiegt den Nachteil einer größeren Runde auf.

Spekulative Hände
Unter spekulativen Händen versteht man niedrige koordinierte Karten. Diese sind kleine Paare wie

oder suited Connectors wie

Diese Hände gewinnen seltener, aber wenn sie gewinnen, gewinnen sie häufig große Pötte. Sie können hochwertige Hände bilden – Paare ein Set, suited Connectors Straßen oder Flushes – und somit ein großes Feld schlagen. Sie gewinnen vor allem am Turn und River viel Geld. Dadurch, dass sie seltener gewinnen, sollten sie den Flop möglichst billig sehen. Jede zusätzliche Bet vor dem Flop verschlechtert ihre Statistik. Deshalb muss man diese Hände nach einer Erhöhung vor dem Flop oft wegwerfen.

Krafthände
Krafthände sind hohe Paare wie

oder große suited Karten wie

Sie vereinen die Vorteile der zwei anderen Gruppen, ohne ihre Nachteile zu haben. Sie können nicht nur als Overcards gewinnen, sondern bilden oft hohe Kombinationen (Sets, Flushes). Sie sind tendenziell in jeder Spielphase profitabel. Da sie eine überdurchschnittliche Gewinnerwartung haben, sollte man mit ihnen vor dem Flop so viel wie möglich erhöhen.

Die Preflop-Listen

Im Folgenden wird die gesamte Strategie für die erste Runde in Listen zusammengefasst. Diese Listen liefern dem Leser zusammen mit den Bemerkungen genaue Spielanweisungen vor dem Flop. Sie werden mit ihrer Hilfe etwa 20–25% der Hände spielen und in niedrigeren Limits gegen die meisten Spieler einen signifikanten Vorteil haben.

Gleicher Eintrag in allen Positionen
Cap: AA-QQ, AKs, AK
Raise/call: AQs, AJs, KQs, AQ
Raise/raise 1: JJ, TT

Early Position
Call: 99–22, ATs–A7s, KJs, KTs, QJs, QTs, JTs
Raise: AJ, KQ

Middle Position
Call: A6s–A2s, KTs, K9s, QTs
Call/call 3: QJs, JTs
Call 1/call 3: 66–22
Raise 0: AT
Raise 1: A9s–A7s
Raise: AJ, KQ
Raise 0/call 3: 99–77
Raise/call 3: ATs, KJs

Late Position
Call 1: JT
Call 2: J9s, T9s–98s
Call 3: K8s–K7s, Q8s–Q7s, J8s, 87s–54s, T8s
Call 4: K6s–K2s, Q6s–Q2s, 97s–53s
Call 2/call 3: 44–22
Raise: A9s–A7s, KTs, QTs, AJ, KQ
Raise 0: A6s–A2s, K9s, Q9s, KT, QJ, QT
Raise 1: AT, KJ
Raise/call 3: ATs, KJs, QJs, JTs
Raise 1/call 3: 99–55

Small Blind
Call: K8s–K2s, Q8s–Q2s, J9s–J8s, T9s–54s, T8s, A9–A2, QT, JT
Call 2: 97s–53s
Raise 0: A9s–A2s, KTs, K9s, QTs, AT, KJ, KT, QJ
Raise: AJ, KQ
Raise 0/call 3: 66–22
Raise 0/call 2: JTs
Raise 1/call 3: 99–77
Raise/call 3: ATs, KJs, QJs

Big Blind
Check/call: 99–77, KTs, K9s, QTs, Q9s, JTs, T9s–98s
Check/call 2: 66–22, A9s–A7s, K8s–K7s, Q8s–Q7s, J9s, 87s–54s, T8s
Check/call 3: A6s–A2s, K6s–K2s, Q6s–Q2s, J8s, 97s–53s
Raise/call: ATs, KJs, QJs, AJ, KQ

Handhabung der Listen

Um Ihren Spielzug zu ermitteln, müssen Sie folgende Punkte klären:

1. Ihre Hand
2. Ist ein Raise vor Ihnen?
3. Ihre Position
4. Wie viele Spieler außer den Blinds sind bereits in der Hand?

Falls die Hand in der Liste nicht aufgeführt ist, kann sie nicht gespielt werden.
Wurde einmal erhöht, ist der Eintrag nach dem Schrägstrich maßgebend. Enthält der Spielzug der Hand keinen Schrägstrich, muss sie gefoldet werden. Wurde zwei- oder dreimal erhöht, sind nur Cap-Hände spielbar.
Die Position ist bereits beschrieben worden. Falls weniger als 10 Spieler am Tisch sind, zählt man die Positionen von hinten, d. h., bei 8 Spielern entfallen EP1 und EP2, bei 6 alle EP sowie MP1 usw.
Die Zahl der Spieler ist wichtig für die Pot Odds und muss auf alle Fälle berücksichtigt werden.

Die meisten Einträge sind selbsterklärend. Hier die problematischen:

- Cap: erhöhen in allen Fällen
- Call x: callen, wenn x oder mehr Spieler bereits in der Hand sind. Sind es weniger: folden.
- Raise x: erhöhen, wenn x oder weniger Spieler in der Hand sind. Sind es mehr, callt man nur.

Die Liste macht keine Aussagen darüber, was zu tun ist, wenn hinter einem erhöht wurde. Hier gelten folgende Regeln:

1. Wurde einmal erhöht, geht man immer mit.
2. Wurde zweimal erhöht, spielt man gemäß dem Eintrag in LP nach dem Schrägstrich.
3. Wurde dreimal erhöht, sind nur Cap-Hände spielbar.

Beispiel 1:

Sie halten:

EP1 callt, EP2 foldet, Sie sind dran.

1. Ihre Hand: 22
2. Position: Early (EP3)
3. Wurde erhöht? – nein
4. Eintrag in der Liste: call

Also callen Sie.

Beispiel 2:

Sie halten:

Drei folden, MP1 callt, MP2 callt, zwei folden, Sie sind dran.

1. Ihre Hand: Q2s
2. Position: Late (LP2)
3. Wurde erhöht? – nein
4. Eintrag in der Liste: call 4

Es sind nur zwei Spieler in der Hand, also folden Sie.

Beispiel 3:

Sie halten:

Drei folden, Sie sind dran.

1. Ihre Hand: AT
2. Position: Middle (MP1)
3. Wurde erhöht? – nein
4. Eintrag in der Liste: raise 0

Da noch niemand in der Hand ist, erhöhen Sie.

Beispiel 4:

Sie halten:

EP1 callt, drei folden, MP2 erhöht, zwei folden, Sie sind dran.

1. Ihre Hand: KQs
2. Position: Late (LP2)
3. Wurde erhöht? – ja
4. Eintrag in der Liste: call

Sie callen.

Beispiel 5:

Sie halten:

Drei folden, MP1 callt, MP2 callt, einer foldet, LP1 callt, Sie callen, SB erhöht, BB reraist, MP1 callt, zwei folden, Sie sind dran.

1. Ihre Hand: 87s
2. Position: Late (LP2)
3. Wurde erhöht? – ja, zweimal hinter mir
4. Eintrag in der Liste: keiner

Hier wurde zweimal hinter Ihnen erhöht, also müssen Sie unter Late Position nach dem Schrägstrich schauen. 87s hat keinen Eintrag, also folden wir.

Wie lernt man die Listen?

Wenn man online spielt, ist es natürlich möglich, eine Tabelle neben sich zu haben und bei jeder Hand zu schauen; es ist jedoch von großem Vorteil, sie auswendig zu beherrschen.
Auf den ersten Blick scheint es einem unmöglich, diese Menge an Daten zu erlernen und zu behalten. Zur Beruhigung: Es ist sehr wohl möglich, und andere haben es auch geschafft. Der Aufwand entspricht etwa dem, den man beim Erlernen von 300 Vokabeln einer fremden Sprache aufbringen muss.

Hier einige Tipps, wie man die Listen schnell und effektiv lernt:

- Es empfiehlt sich, die Listen so kompakt wie möglich zusammenzufassen. Sie können die Einträge abkürzen und eine Tabelle erstellen, in der in der ersten Spalte die Hände, in der ersten Zeile die Positionen stehen.

- Es ist leicht zu erkennen, dass manche Zeilen in allen Positionen identische Einträge haben (die Cap-Hände, AQs–AJs usw.). Diese Hände sollte man separat und als erstes lernen.
- Weiterhin gibt es Zeilen, die komplett identisch sind: QTs und KTs; K8s–K7s, Q8s–Q7s, 87s–54s, T8s usw. Diese Zeilen müssen Sie jeweils nur einmal lernen. Auf diese Weise können Sie den Großteil der Tabelle erfassen.
- Im verbleibenden Teil gilt es, nach Mustern zu suchen. Hier sind der Fantasie keine Grenzen gesetzt. Mit Hilfe der Muster werden Sie den Rest auch schnell beherrschen.
- Zum Einüben können Sie Kärtchen erstellen (wie beim Lernen von Vokabeln), mit der Starthand auf der einen und der Lösung auf der anderen Seite. Dies ermöglicht eine unsortierte Abfrage.

Fortgeschrittene Konzepte

In höheren Limits wird man oft mit der Situation konfrontiert, dass alle Spieler vor einem folden. In diesem Fall kann bereits mit Händen erhöht werden (open raise), die sonst zu schwach wären. Genau genommen kommt ein Open Raise immer dann in Frage, wenn die eigene Hand besser ist als die Durchschnittshand der verbliebenen Spieler (abhängig von ihrer Zahl). Wann das genau der Fall ist, lässt sich mit PokerStove (siehe Abschnitt »Software«, Seite 136) ermitteln. Im Weiteren wird eine vereinfachte Strategie für das Open-Raise-Konzept dargestellt. Sie ist in den Limits 1/2 $ und höher gut anwendbar.

Open Raising

Die folgende Liste beschreibt die Strategie in Situationen, in denen alle Spieler vor Ihnen gefoldet haben. Wenn dies der Fall ist, erhöhen Sie, falls Sie in einer Open-Raise-Position (ORP) sind und die Hand in der Liste gelistet ist (oder besser). Man definiert die früheste ORP als MP3.

Open-Raise-Liste

Middle Position 3
55, A6s, K9s, Q9s, J9s, T9s, A9, KJ, QJ

Late Position 1
44, A2s, K8s, Q8s, J8s, T9s, 98s, A7, KT, QT, JT

Late Position 2
33, A2s, K2s, Q6s, J7s, T8s, 98s, 87s, 76s, A2, K7, Q9, J9

Small Blind
22, A2s, K2s, Q2s, J2s, T3s, 94s, 85s, 76s, A2, K3, Q4, J5, T6, 97, 87

Die Blinds verteidigen
Ein Open Raise hat unter anderem das Ziel, die Blinds zu stehlen. Dementsprechend muss man sich gegen ihn in den Blinds verteidigen. Wenn der Open Raise in einer Steal Position (= ORP) erfolgt, kann man mit Händen, die in der Tabelle unter dieser Position (oder besser) gelistet sind, mindestens mitgehen.
Erhöht jemand z. B. in MP3, nachdem alle vor ihm ausgestiegen sind, können Sie in SB oder BB mit 55, T9s etc. mitspielen. Allerdings gilt Folgendes: Sind keine Limper in der Hand, heißt die Devise im SB: 3-bet oder fold. So vertreibt man meistens den BB, bekommt mehr dead money in den Pot und hat außerdem die Initiative.

Spiel auf dem Flop

Am Flop wird der Ausgang des ganzen Spiels weitestgehend – mehr als in den anderen drei Spielphasen – festgelegt. Drei der insgesamt fünf Gemeinschaftskarten kommen zum Vorschein, wodurch sich die Stärken oder Schwächen einer jeden Hand klar definieren. Manche Spieler halten zwar den Turn oder den River für wichtiger – da sind ja die Einsätze doppelt so teuer wie am

Flop oder Preflop – es zeigt sich jedoch oft, dass eine falsche Spielanlage am Flop das Scheitern in den späteren Setzrunden nach sich zieht.

Bevor wir uns dem Spiel auf dem Flop widmen, sei hier eine Besonderheit von Hold'em erwähnt. In anderen Varianten (wie etwa Stud oder Draw) ist es erstrebenswert, die Hand zu verbessern. In Hold'em ist dem nicht so!

Sehen wir uns dazu folgendes Beispiel an:

Sie halten:

Der Flop:

Nun wollen Sie keine Herzen mehr am Tisch sehen: Ein Herz würde für Sie eine stärkere Hand (Flush) bedeuten, aber so müssten Sie befürchten, durch einen höheren Flush überholt zu werden. Wenn kein Herz kommt, halten Sie die Nut-Straight und können sicher sein, vorne zu liegen.

Der Flop kann die Machtverhältnisse, die vor dem Flop geherrscht haben, völlig auf den Kopf stellen; eine Neubewertung der Hand muss erfolgen. Betrachten wir folgendes Beispiel:

Sie halten:

und Ihr Gegner hält:

Sie halten die bestmögliche Ausgangshand, die statistische Erwartung, den Pot zu gewinnen, ist am höchsten. Ihr Gegner hat dagegen eine eher bescheidene Hand, mit der er preflop klar unterlegen ist.

Dann kommt folgender Flop:

Nun sind die Kräfteverhältnisse komplett umgedreht: Ihr Gegner hält eine fertige Hand, ein Full House, das Ihrem Overpair klar überlegen ist. Sie haben nur eine Chance, wenn das dritte Ass kommt. Dies ist nicht sehr wahrscheinlich. Dazu kommt noch, dass Sie im Glauben, mit dem bestmöglichen Overpair vorne zu liegen, womöglich Geld in den Pot schmeißen und Ihre Verluste vergrößern.
Wie man hier sieht, muss man seine Strategie nach dem Erscheinen der Flop-Karten oft neu bewerten und die entsprechenden Konsequenzen ziehen.

Am Flop setzt sich die strategische Planung aus einer Reihe unterschiedlicher Überlegungen zusammen:

Zahl der Gegner
Je mehr Gegner im Spiel sind, umso größer ist die Chance, dass einer eine starke Hand hält. In dem Fall sind nur starke Hände oder gute Draws zu spielen. Andererseits kann die hohe Gegnerzahl auch einen großen Pot ermöglichen. Dies bedeutet wiederum, dass das Mitgehen durch die guten Pot Odds auch mit schwächeren Händen gerechtfertigt ist. Eine geringe Gegnerzahl (1–2) eröffnet gute Möglichkeiten für einen Bluff oder einen Semi-Bluff.

Die Art des Flops
Die Flopstruktur kann viel über die Gefahren des gegnerischen Spiels verraten. Ein Flop in einer Farbe z. B. lässt vermuten (besonders bei mehreren Gegnern), dass ein Flush oder ein Flush-Draw unterwegs ist. Dies wertet die Stärke aller niedrigeren Hände radikal ab. Die verschiedenen Flop-Arten werden im Laufe dieses Kapitels ausführlicher besprochen.

Stärke der eigenen Hand
Es ist sehr wichtig, die relative Stärke der eigenen Hand einzuordnen. So lässt sich bestimmen, ob die Hand Schutz braucht oder ob Slowplay möglich ist. Die verschiedenen Hände werden in diesem Kapitel ausführlich besprochen.

Hände der Gegner
Um den Wert der eigenen Hand zu bestimmen, muss man auf die möglichen Hände der Gegner schließen. Dies wird durch eine Reihe von Informationen erleichtert: Position des Spielers, sein Preflop-Verhalten, seine Aktivitäten am Flop.

Potgröße
Die Potgröße muss man in die Kalkulation der Spielstrategie immer mit einbeziehen. Während man sich beispielsweise mit

einer starken Hand bei einem kleinen Pot für Slowplay entscheidet, möchte man den großen Pot durch aggressives Spiel gleich gewinnen. Größere Pötte ermöglichen das Spiel mit Draws, da die Pot Odds dies begünstigen.

Kosten für das Mitspielen
Um die Odds richtig zu kalkulieren, muss die eigene Position immer mit berücksichtigt werden. Wenn Sie einen Einsatz mitgehen, besteht u.U. die Möglichkeit, dass hinter Ihnen erhöht wird. Dies bedeutet eine Verschlechterung Ihrer Pot Odds.

Werfen wir nun einen Blick auf die möglichen Flop-Arten. Wie schon erwähnt, spielt dieser Faktor bei dem ganzen Entscheidungsprozess eine wichtige Rolle.

Drillinge
Dies ist eine sehr seltene Konstellation. Wenn Sie das Glück haben, die vierte Karte zu halten, können Sie langsam spielen, um Spieler im Spiel zu halten. Möglicherweise halten manche mit guten Pocket Pairs mit.
Wenn Sie die vierte Karte nicht haben – was für alle am wahrscheinlichsten ist –, haben Sie auch mit einem Ass als Kicker gute Gewinnchancen, es sei denn, ein Preflop-Raise deutet auf Pocket Pairs hin.

Hohes Paar
Mit einem hohen Paar im Flop können Sie nur dann sicher mitspielen, wenn Sie Trips oder Full House haben. Da viele hohe Karten spielen, ist dies sonst bei den Mitspielern der Fall. Wenn gesetzt wird und einer mitgeht, kann ein Paar sicher gepasst werden (es sei denn, man hat nur einen Gegner).
Besonders aufmerksam sind Straight- und Flush-Draws zu spielen bei diesem Flop: Ein Full House kann bereits da sein oder Trips mit vielen Outs.

Niedriges Paar
Dieser Flop bedeutet etwas weniger Sorgen als der letzte, da viele Spieler keine niedrigen Karten spielen (gilt besonders nach einer Preflop-Erhöhung). Wenn jemand den Flop jedoch billig oder umsonst (z. B. aus den Blinds heraus) sieht, ist die Gefahr größer.

Zwei gleiche Farben
Dieser Flop kann bedeuten (besonders, wenn einige mitgehen), dass ein Flush-Draw da ist. Diese sind besonders gut spielbar, wenn kein Paar auf dem Tisch liegt. Top Pairs und Overcards sind hiermit stark gefährdet, wenn Sie selbst keinen Draw aufweisen können. Wenn später die dritte Flush-Karte auftaucht, können Sie das Folden überlegen (vor allem bei starker Action). Falls Sie das Ass oder den König der Farbe haben, verfügen Sie über einen Backdoor-Flush-Draw: Das ist eine zusätzliche Qualität, die zusammen mit Overcards oder mittlerem Pärchen bei günstigen Pot Odds einen Call rechtfertigt.

Drei gleiche Farben
Dieser Flop kommt in etwa 5 % der Fälle vor. Wenn Sie den Nut-Flush haben, können Sie langsam spielen. Niedrigere Flushes brauchen Schutz gegen die Draws, d. h., sie sind aggressiv zu spielen. Mit Nut-Flush-Draws geht man immer bis zum River. Ein Set hat u. U. gute Odds, Full House zu werden. Top Pairs verlieren signifikant an Wert, und niedrigere Pärchen oder Overcards sind in der Regel wertlos.

Zwei verbundene Karten
Wenn Sie einen Open-Ended-Straight-Draw bei einem Regenbogen-Flop halten, ist es eine starke Hand. Noch mehr Wert hat sie, wenn die Hole Cards Overcards sind. Wenn Sie keinen Draw aufweisen können, besteht Gefahr, dass die Gegner welche haben, vor allem, wenn die Flopkarten hoch sind. Da viele Spieler verbundene Karten spielen, sind auch zwei Paare zu befürchten.

Drei verbundene Karten
Dieser Flop ist – ähnlich wie drei Karten in gleicher Farbe – sehr gefährlich. Wenn zwei Karten zusätzlich auch noch die gleiche Farbe haben, ist eine Straight gar nicht so stark; Flush-Draws sind wahrscheinlich. Aus diesem Grund müssen Sie die Straight aggressiv spielen, um den Preis für Flush-Draws hoch zu halten.
Der Straight-Draw ist immer am stärksten, wenn Sie das obere Ende der Reihe halten. Sonst verlieren Sie womöglich gegen eine höhere Straight.
Top Pair und Overpair verlieren auch hier an Wert; Niedrigeres muss immer gepasst werden.
Overcards sind spielbar, wenn sie einen Gutshot-Straight-Draw ergeben.

Hohe Karten
Hier sind nur Qualitätshände zu spielen, ein Top Pair mit Top-Kicker oder ein Straight-Draw ist das Minimum. Natürlich wird die Sache noch schwieriger, wenn zwei Flopkarten suited sind.

Regenbogen mit einer hohen Karte
Diese Karten helfen den wenigsten. Somit sind gute Chancen für Bluffs eröffnet. Wenn Sie Top Pair halten mit gutem Kicker, haben Sie gute Gewinnaussichten, da keine Straight- oder Flush-Draw-Gefahr besteht. Deshalb sind Freecards nicht so schlimm.

Flop ohne Qualitäten
Dies ist der Fall, wenn der Flop dreifarbig ist, aus niedrigen Karten besteht und keine Straight-Möglichkeit bietet. Diese Konstellation hilft den meisten nicht weiter. Ein Set oder zwei Paare sind schon eine starke Hand. Top Pair bietet auch Chancen, man muss damit jedoch versuchen, das Feld durch aggressives Spiel zu minimieren. Wenn die Blinds mitspielen, ist Vorsicht geboten: Sie könnten auch schwächere Karten gespielt haben und so vom Flop profitieren.

Mögliche Hände am Flop

Monster

Unter einer fertigen Hand versteht man einen Vierling, ein Full House, einen Flush oder eine Straight. Diese Hände sind stark, manche von ihnen jedoch schutzbedürftig.

Vierling/Full House

Diese Hände sind sehr selten (hier meint man das Full House mit zwei verschiedenen Hole Cards; ein Pocket Pair mit Drillingen am Tisch spielt sich eher wie ein Paar) und garantieren meistens den Gewinn. Die beste Strategie ist Slowplay, d.h. checken oder callen und erst am Turn oder am River Stärke zeigen, wenn die Einsätze höher sind. Wenn Sie preflop erhöht haben, kann Checken Misstrauen hervorrufen; hier können Sie alternativ setzen. In manchen Fällen sollten Sie eine Umkehrstrategie anwenden, d.h. ein Verhalten zeigen, das für die Hand untypisch ist. Wenn Sie z.B. KQ halten und glücklicherweise QQQ floppen, können Sie erhöhen. Da die Gegner von einem Vierling eher Slowplay erwarten, setzen sie Sie nicht auf Q. So können Sie beispielsweise von guten Pocket Pairs einige Einsätze kassieren.

Flush

Wenn Sie den Nut Flush halten, können Sie sich für Slowplay entscheiden. Zu bedenken ist jedoch die Möglichkeit, dass eine vierte Karte vom selben Suit auftaucht und die Aktivitäten abwürgt. Deshalb gleich am Flop so viele Einsätze wie möglich einsammeln. Falls Sie einen niedrigeren Flush halten, ist auf jeden Fall aggressives Spiel angesagt, um das Mitspielen mit Draws – die einen potenziell schlagen können – teuer zu machen.

Straight

Eine Straight ist bei weitem nicht so stark wie die oben aufgeführten Hände. Sie kann einem Flush oder einer höheren Straight (falls am Turn noch eine Straight-Karte kommt) unter-

legen sein. Da viele Spieler verbundene Karten spielen, können auch zwei Paare im Spiel sein, die die Chance haben, Full House zu werden.
Aus diesen Gründen kann eine Straight so gut wie nie langsam gespielt werden. Check-Raise kommt nur in Frage, wenn Sie sicher sind, dass jemand setzen wird.
Ein anderer Grund für das aggressive Spiel ist der, dass man meistens gute »Action« erreicht; Straights sind meistens gut versteckt.
Verschiedene Straights haben einen unterschiedlichen Wert. Wenn Sie beispielsweise das untere Ende halten, müssen Sie immer damit rechnen, dass jemand einen höheren gefloppt hat.

Sets und Trips
Ein Set ist natürlich stärker als Trips, allein schon aus dem Grund, weil ein Paar auf dem Tisch die Mitspieler vorsichtig macht und die Aktivitäten abbremst.
Sets und Trips sind zwar stark, aber auch gefährdet. Sie können gegen Flushes, Straights, gegen höhere Trips oder Sets oder im Falle von Trips auch gegen die gleichen Trips mit einem besseren Kicker verlieren.
Die Chancen, ein Full House zu komplettieren, sind jedoch gut, deshalb sollten Sie immer bis zum River gehen. Die mögliche Strategie leitet sich natürlich von der Flopstruktur ab, bei Gefahr ist Aggressivität angebracht; bei ungefährlichem Flop kann man sich für Slowplay entscheiden.
Es ist leicht nachzuvollziehen, dass suited oder verbundene Flops oder Flops mit hohen Karten gefährlich sind. Optimale Bedingungen bedeutet ein Flop ohne Qualitäten: Hier ist Slowplay möglich (besonders bei kleinen Pötten), aber einen großen Pot sollten Sie gleich mit aggressivem Spiel zu gewinnen versuchen.

Zwei Paare
Die hier beschriebene Strategie bezieht sich auf zwei Paare, wenn Sie zwei unterschiedliche Karten halten. Ein Pocket Pair mit einem Paar auf dem Tisch spielt sich eher wie ein Paar.

Die Strategie für zwei Paare ist der mit Set ähnlich. Es drohen die gleichen Gefahren mit dem Zusatz, dass Sie auch gegen zwei höhere Paare verlieren können.

Top Pair/Overpair

Meistens haben Sie nicht das Glück, zwei Paare oder Besseres zu floppen. Deshalb ist das Spiel mit Top Pair/Overpair das tägliche Brot des Pokerspielers. Diese Hände können stark sein, zum Gewinn reichen, aber oft müssen sie auch gepasst werden.

Die beste Strategie wird durch folgende Faktoren bestimmt:

- Wie hoch ist das Paar?
  Je höher das Paar, umso ungefährlicher sind freie Karten.
- Wie gut ist der Kicker?
  Ein Top Kicker bedeutet zusätzliche Qualität.
- Wie viele Gegner spielen mit?
  Je mehr Gegner in der Hand sind, umso höher ist die Wahrscheinlichkeit, dass einer zwei Paare oder Höheres oder einen guten Draw hält. Bei starken Aktivitäten mit vielen Gegnern ist es ratsam, das Paar (vor allem mit schwachem Kicker) zu passen.
- Wie sieht der Flop aus?
  Je nach Flopstruktur können dem Paar diverse Gefahren drohen. Wie oben beschrieben, können suited oder verbundene Karten auf mögliche Flushes bzw. Straights hindeuten oder auch Draws derselben anzeigen. Hohe Karten sind ebenfalls gefährlich, weil viele gern hohe Karten (Ass, König) spielen. Ein Paar bedeutet Trips- und Full-House-Gefahr, vor allem, wenn das Paar hoch ist.

Am günstigsten ist natürlich ein Flop ohne Qualitäten; hier liegt man meistens vorne mit Top Pair/Overpair. Gut ist ebenfalls ein Regenbogen mit nur einer hohen Karte, die niedriger ist als Ihr Paar.

Bottom/Middle Pair
Diese Hände führen selten, d.h., Sie müssen sie als Draw begreifen. Sie wollen sie zu zwei Paaren oder zu Trips verbessern, wobei Sie 5 Outs haben (2 zum Trip und 3 zu zwei Paaren), falls Sie ein split Pair halten. Im Falle von Pocket Pair haben Sie nur 2 Outs, d.h., Sie können die Hand kaum spielen. Die fünf Outs bedeuten eine etwas bessere Hand als ein Gutshot (4 Outs), und Sie brauchen 8–1 Pot Odds. Abgesehen von Bluffs können Sie in Heads-Up u.U. aggressiv spielen, wenn Sie vermuten, dass der Gegner auch nichts Besseres getroffen hat.
Wenn Sie die Hand als Draw spielen, müssen Sie bedenken, dass Sie auch bei einer Verbesserung gegen zwei Paare, Sets oder Höheres verlieren können. Hat Ihr Paar einen Top Kicker, streben Sie nach starken zwei Paaren; dies ist ein kleines Plus.

Die Flopstruktur bestimmt auch die Stärke Ihres Draws. Halten Sie z.B. T9 bei einem Flop von QQT, ist die Chance, dass jemand eine Dame hält, relativ klein (es sind nur noch zwei im Umlauf). Wenn der Flop 2- oder 3-suited oder 2- oder 3-connected ist und Sie halten eine Karte von der Farbe bzw. von der Reihe (d.h., Sie haben zusätzlich einen Straight- oder einen Flush-Draw), ist Ihre Hand aufgewertet. Tun Sie dies nicht, ist Ihr Draw deutlich geschwächt bzw. wertlos.

Flush-Draw und Straight-Draw
Die Spielbarkeit dieser Hände unterliegt mathematischen Gesetzen (siehe dazu Abschnitt »Wahrscheinlichkeiten«, Seite 63). Ihre Profitabilität ist ausgedrückt durch die Odds, die die Spielstrategie diktieren.
In Runden mit 4 bis 5 Spielern können Sie die Draws aggressiv spielen, wenn Sie in einer späten Position sitzen. So erhöhen Sie Ihre Pot Odds. Wenn jedoch einige Spieler hinter Ihnen agieren, sollten Sie passiv spielen: Hier ist nicht auszuschließen, dass einer hinter Ihnen erhöht und viele Spieler vertreibt, was zur Verschlechterung der Pot Odds führt. Eine Ausnahme bilden Hände

mit Zusatzqualitäten: Halten Sie beispielsweise zwei Overcards, die ebenfalls gewinnen können, sollten Sie das Feld durch Aggression minimieren.
Mit Draws ist unter Umständen ein Semi-Bluff ebenfalls eine gute Strategie (siehe dazu Abschnitt »Semi-Bluff«, Seite 82).
Die Spielbarkeit des Draws entscheidet auch die Flop-Struktur. Ein Flush-Draw mit einem 3-suited Flop beispielsweise ist meistens nur spielbar, wenn Sie Ass oder König von der Farbe halten. Analog gilt für Straight-Draws: Ist der Flop 3-connected, sollten Sie nur die Nut-Straight anstreben.

Overcards
Wenn man die Sache auf den Punkt bringen will, könnte man sagen, man soll nie mit Overcards spielen. Diese einfache Regel ist für den Anfang nicht schlecht; allzu viel an Gewinn würde man mit ihr nicht verpassen.

Overcards sind schwach, weil:
- man nur 6 Outs hat und eine relativ schwache Hand (Top Pair) anstrebt,
- man gegen zwei Paare oder höhere verliert,
- die Outs leicht verfälscht sein können.

Es soll trotzdem die Situation geschildert werden, wo das Spiel mit Overcards möglich ist:
- Sie agieren als Letzter.
- Es ist nur eine Bet zu callen.
- Der Flop ist ungefährlich (keine Straßen oder Flush möglich, kein Paar).
- Das Feld ist klein (1–2 Spieler).

Natürlich müssen Sie auch den Spielverlauf berücksichtigen: Wenn er extrem günstig ist, d.h. andere Schwäche zeigen, können Sie Ihre Overcards unter Umständen auch spielen, wenn nicht alle der oben genannten Kriterien zutreffen.

Sonstige Hände
Wenn man keine der bisher beschriebenen Hände getroffen hat, hält man eine Trash Hand (Schrott-Hand).
Mit diesen Händen checkt und foldet man gewöhnlich; in einem kleinen Feld macht jedoch ein Bluff manchmal Sinn. Dazu mehr im Abschnitt »Bluffen«, siehe Seite 85.

Spiel auf dem Turn

Am Turn zu spielen ist schwierig. Die Einsätze haben sich verdoppelt, die Spieler haben Information über ihre Hände preisgegeben. Da alles doppelt so teuer geworden ist, wiegen hier Fehler besonders schwer.

Die Initiative behalten mit einer starken Hand

Initiative haben Sie dann, wenn Sie in der vorhergehenden Runde den letzten Einsatz getätigt haben. Diese Initiative sollten Sie mit einer fertigen Hand auf alle Fälle beibehalten. Wenn Sie z. B. KK halten und am Flop (J93) aggressiv waren, sollten Sie setzen, auch wenn ein Ass am Turn fällt. Erstens halten Sie wahrscheinlich immer noch die beste Hand, zweitens möchten Sie keine Free Card zulassen. Hält jemand das Ass, wird er erhöhen: Nun können Sie gut folden.
Mit guten Draws sollten Sie ebenfalls setzen, in der Hoffnung, die Gegner zu vertreiben. Da viele mit Overcards oder schwachen Draws eine Flop-Bet mitgehen, kann die Big Bet am Turn sie zum Folden bringen. Viele vermuten am Flop einen Bluff und nehmen erst die Einsätze am Turn ernst.
Kommt am Turn ein Raise, deutet dieser meistens auf eine starke Hand (Top Pair mit Top Kicker oder besser) hin. So müssen Sie sich unter Umständen von Paaren trennen. Mit zwei Paaren oder Trips können Sie callen und mit Sets oder Besserem sollten Sie reraisen, falls das Board nicht zu gefährlich ist.
Für Check-Raise gelten die gleichen Regeln, wobei er sogar stärker ist als ein Raise.

Haben Sie am Turn gecallt, sollten Sie es auch am River tun, sodass die Entscheidung am Turn zwei BB schwer ist und gut überlegt sein soll.

Manche Fälle bilden eine Ausnahme für die obigen Regeln. Ein Fall, in dem Sie in Late Position nach einem Check nicht setzen sollten, besteht, wenn Sie vermuten, der Gegner könnte folden. Wenn eine Free Card nicht zu gefährlich ist, checken Sie. So können Sie auf drei verschiedene Weise zusätzliche Bets gewinnen:

1. Sie verleiten den Gegner zu einem Bluff.
2. Der Gegner verbessert sich zur zweitbesten Hand und callt am River.
3. Er callt am River mit Ace-High.

Ein weiterer Fall: Wenn Sie beispielsweise vermuten, dass der Gegner am Turn seinen Draw materialisiert hat und checkt, gelten folgende Regeln:

1. Setzen Sie mit Händen, die nur wenig Outs zur Verbesserung haben. So kämpfen Sie gegen die Free Card und gewinnen Information. Wenn ein Raise kommt, können Sie folden.
2. Checken Sie mit Händen, die einige Outs zur Verbesserung haben.

Beispiel:

Sie halten:

Das Board ist:

Hier könnte der Gegner, der am Turn checkt, einen Herz-Flush haben. Sie sollten setzen.

Halten Sie aber 

beim obigen Board, sollten Sie checken. Sie haben einige Outs, ein Full House zu bekommen und den Flush zu schlagen.

Die Initiative behalten mit einer mittelmäßigen Hand

Manchmal können Sie auch mit mittelmäßigen Händen aggressiv spielen. Dazu müssen jedoch einige Umstände stimmen:

1. Anzahl: Semi-Bluff ist nur gegen ein bis zwei Gegner sinnvoll.
2. Art des Boards: Nach den Gemeinschaftskarten und dem Verlauf können Sie einschätzen, was der Gegner hält. Ist es ein schwacher Draw, können Sie ihn aus der Hand bluffen.
3. Typ des Gegners: Semi-Bluff funktioniert nicht gegen loose Gegner, die alles mitgehen.
4. Die Position: Ein Einsatz in früher Position kann Stärke signalisieren. Dies gilt besonders, wenn eine scare card am Board ist. In Late Position gelten nach einem gegnerischen Check die gleichen Regeln wie im obigen Abschnitt: Man sollte mit Händen mit wenig Outs setzen und zum Raise folden, während man mit mehr Outs checkt.

Zusammenfassend lässt sich sagen, dass man auch mit mittelmäßigen Händen gegen ein bis zwei Gegner aggressiv spielen kann, falls die Umstände stimmen (siehe dazu auch »Bluffen«, Seite 85, und »Semi-Bluff«, Seite 82).

Die Initiative übernehmen

Manchmal werden Sie die Initiative durch Setzen oder Erhöhen erst am Turn übernehmen. Dies kann in folgenden Situationen passieren:

1. Sie haben eine starke Hand langsam gespielt und wollen nun mehr Geld in den Pot bekommen.
2. Sie haben einen Draw am Turn materialisiert und liegen vorne.
3. Sie vermuten eine Chance, den Pot mit einem Bluff/Semi-Bluff zu gewinnen.
4. Sie wollen eine schutzbedürftige Hand gegen schwache Draws verteidigen.

Passives Spiel

Verfügt man am Turn über einen Draw, den man nach den gegebenen Odds weiterspielen kann, ist eine passive Spielweise mit check/call empfehlenswert. Natürlich kann ein Semi-Bluff auch profitabel sein (siehe dazu Abschnitt »Semi-Bluff«, Seite 82).
Mitgehen am Turn ist anders als Mitgehen am Flop: Die Einsätze sind doppelt so hoch, und schwache Draws bekommen meistens nicht die richtigen Odds. Besonders wenn man nach einem Raise zwei Big Bets kalt callen muss, ist Nachrechnen angesagt.
Ohne starke Draws, z. B. mit Top Pair, können Sie in solchen Situationen nicht immer mitgehen. Von starken gegnerischen Händen zeugt ebenfalls, wenn nach einer Bet Callers drin sind. Hier ist ein Top Pair oft bereits geschlagen.

Spiel auf dem River

Der River unterscheidet sich deutlich von den früheren Runden. Hier sind die Hände bereits definiert, keine weiteren Verbesserungen für Draws sind gegeben, und der Pot ist angewachsen. Die Strategie am River ist sorgfältig zu wählen; es geht hier um Big Bets; jeder Fehler drückt stark auf die Verdienstrate.

Beachten Sie
Der größte Fehler am River besteht darin, die Gewinnhand zu folden. Eine Hand, die eine erwähnenswerte Gewinnchance hat, sollte gespielt werden, zumal die Pot Odds hoch sind.

Der zweite Fehler, den man oft begeht, um den ersten zu vermeiden, ist: mit hoffnungslosen Händen weiterspielen. Meist hat man bis zum River bereits relativ viel Geld einbezahlt, aber trotzdem: Manche Hände haben einfach keine Gewinnchance. Auf ein Wunder zu hoffen kann viel Geld kosten.
Gerade im Low-Limit-Bereich ist es weit verbreitet, selbst mit Bottom Pair bis zum River zu callen. Die Spieler meinen, der Gegner könnte ja bluffen. Mit dieser Strategie überführen sie zwar jeden Bluff, sie verlieren jedoch viel Geld gegen Qualitätshände.
Besonders in Situationen, in denen ein zweiter Spieler den Einsatz des Bluffers callt, läuft diese Strategie gegen die Wand: Der Bluffer wird verlieren, aber der zweite Caller hat bestimmt eine stärkere Hand.

Um diese zwei Fehler nicht zu begehen, müssen Sie folgende Punkte beachten:
1. Wie war der Verlauf der Hand?
2. Was für ein Typ ist der Gegner?
3. Wie sieht das Board aus?

Mit diesen Informationen können Sie die gegnerischen Hände ziemlich genau abgrenzen und entscheiden, ob Sie Einsätze mitgehen oder nicht.

Einsätze gewinnen am River

Es ist nicht immer korrekt, am River aggressiv zu spielen, wenn man meint, die beste Hand zu halten. Dazu ein Beispiel:

Sie halten:

und das Board ist:

Sie waren in allen Runden der Aggressor, und der Gegner hat alles gecallt. Nun müssen Sie am River vor ihm agieren.

Sie sollten hier aus folgenden Überlegungen checken:
Es besteht die Möglichkeit, dass er das Ass hält. Sie wollen ihm nicht die Möglichkeit zum Erhöhen geben. So müssen Sie nur eine Bet callen, um herauszufinden, ob er das Ass hat oder blufft.
War er an einem Draw, wird er folden zu Ihrer Bet, und Sie haben nichts gewonnen.
War er an einem Draw, können Sie ihn mit dem Check zu einem Bluff verleiten.

Natürlich sollte man am River nicht immer checken. Außer in den Fällen, wo Sie sicher die beste Hand halten, bietet der Einsatz am River als Bluff gute Gewinnchancen. Dies kommt z. B. in Frage, falls Sie auf einem Draw sitzen (siehe dazu Abschnitt »Bluff«, Seite 85).

3

POKER IN DER PRAXIS

Risikomanagement

Richtiges Poker – darin sind sich alle Kenner einig – spielt man um Geld. Das Spielen um Spielgeld mag dazu dienen, die Mechanismen des Spiels kennenzulernen, richtig weiterkommen kann man so aber nicht. An Cash-Games führt also kein Weg vorbei.
Wenn Sie Millionär sind, brauchen Sie diesen Abschnitt nicht zu lesen, denn Sie haben keine Probleme mit dem nötigen Spielgeld. Wenn Sie es nicht sind, d. h., wenn Sie Ihren Geldbeutel schonen und möglichst viel Geld mit Poker verdienen möchten, sollten Sie diesen Abschnitt, auch wenn er nicht zu den spannendsten gehört, sehr aufmerksam lesen. Das sogenannte Bankroll Management ist für jeden Winning Player ein äußerst wichtiges Thema.
Poker ist ein volatiles Spiel. Aus statistischen Gründen bekommt langfristig gesehen jeder Spieler die gleichen Karten, kurzfristig aber können schon mal schlechte Phasen aufkommen. Gute Spieler berichten über Downswings, die mehrere 100 BB andauern – und dies selbst bei optimalem Spiel. Deshalb ist es wichtig, für solche Phasen finanzielle Rücklagen zu bilden und mit den Verlusten professionell umzugehen. Beim Poker ist das verdiente oder verlorene Geld fester Bestandteil des Spiels, es bildet eine Art Wertungszahl und soll eine Bestätigung der eigenen Spielstärke bringen. Die Karriereplanung sollte nach einem sorgfältig erstellten Plan erfolgen, der den Auf- und Abstieg in den Limits fest vorschreibt und die eigene Bankroll schont.

Poker ist ein Geduldspiel; dies zeigt sich nicht nur während der Partien, sondern auch bei der Handhabung der Bankroll. Ein guter Spieler geht auch hier diszipliniert vor, d. h., er bleibt auf dem Boden, wenn er nachhaltig gewinnt (Upswing), und verzweifelt nicht, wenn er längere Zeit verliert. Er ist bereit, in den Limits abzusteigen, ohne darin persönliches Versagen zu sehen.

Er unterzieht sein Spiel einer kritischen Bestandsaufnahme, ohne unnötig daran zu basteln. Es ist wichtig, die Ursachen für die Verluste objektiv zu betrachten: Liegt es an meinen Fähigkeiten? Wenn ja, muss ich mich durch Training und Lernen weiter verbessern. Liegt es an den natürlichen Schwankungen des Spiels, muss ich geduldig auf bessere Zeiten warten.

Beachten Sie

Ich empfehle allen Lesern, bei den niedrigsten Limits anzufangen (etwa 2/4 Cent) und Schritt für Schritt die höheren Limits zu erklimmen. Durch das nachhaltige Schlagen eines Limits bekommt der Spieler Selbstvertrauen, was im Poker zu den wichtigsten Eigenschaften gehört.

Eine einheitliche Planung für alle zu erstellen ist natürlich eine Notlösung. Die genannten Grundsätze hier sind allgemein und basieren auf Erfahrungswerten guter Spieler. Eine individuelle Planung kann jedoch differenzierter aussehen, da man dabei auch den persönlichen Stil berücksichtigen kann. Spielen Sie eher loose und aggressiv, wird Ihre Bankroll größere Schwankungen zeigen, während es bei einem tighten Spieler eher gleichmäßig verlaufen wird.
Im Folgenden finden Sie einen kurzen Fahrplan, der die Prinzipien einer guten Karriereplanung demonstriert.

Grundsätze:

1. Aufstieg, wenn man 250 BB für das höhere Limit beisammen hat
2. Abstieg, wenn nur noch 300 BB für das tiefere Limit da sind

Im Mikrolimit-Bereich kann man von diesen Grundsätzen leicht abweichen, da das Niveau sehr niedrig ist. Falls Sie das Buch aufmerksam gelesen haben, sind Sie dort bereits ein potenzieller Winner.

Der Plan

Einzahlung: 5 $

1. Limit: 0,02/0,04 bis 15 $
Fallen Sie auf 0 zurück, sollten Sie noch mal das Gelernte verinnerlichen und mit einer neuen Einzahlung den nächsten Versuch starten (dieser Fall ist jedoch unwahrscheinlich).

2. Limit: 0,05/0,10 bis 30 $
Fallen Sie auf 10 $, zurück zu Limit 1.

3. Limit: 0,10/0,20 bis 50 $
Fallen Sie auf 20 $, zurück zu Limit 2.

4. Limit: 0,15/0,30 bis 150 $
Fallen Sie auf 40 $, zurück zu Limit 3.

5. Limit: 0,25/0,50 bis 300 $
Fallen Sie auf 90 $, zurück zu Limit 4.

6. Limit: 0,5/1 bis 500 $
Fallen Sie auf 150 $, zurück zu Limit 5.

7. Limit: 1/2 bis 1000 $
Fallen Sie auf 300 $, zurück zu Limit 6.

Wenn Sie diese Limits alle erklommen haben, verfügen Sie bereits über beachtliche Routine. Nach dem hier geschilderten Muster können Sie dann den Auf- oder Abstieg selbst planen.

Software

Einer der großen Vorteile des Spiels im Internet besteht darin, dass das gesamte Spielgeschehen maschinell verarbeitet werden kann. Dies öffnet eine Reihe von Möglichkeiten für Hilfsprogramme, Profit aus der Datenmenge zu ziehen.
Hier werden einige Hilfsprogramme kurz beschrieben, damit Sie sich von den gebotenen Möglichkeiten ein Bild machen können.

Analyse-Tools

Mit Statistik-Programmen wie StatKing (conjelco.com) oder PokerTracker (pokertracker.com, der Marktführer) lassen sich diverse Aspekte des Spiels erfassen. Sie können über Gewinne/Verluste Buch führen, das eigene und das gegnerische Spiel analysieren sowie die gespielten Partien sammeln. Somit ist es leicht, eventuelle Fehler sichtbar zu machen und zu verbessern.

Um die Gegner zu lesen, können Sie die gesammelte Information mit Hilfe von PokerAce (pokeracesoftware.com) auf den meisten Plattformen in verschiedenen Farben anzeigen lassen.
So wissen Sie:

- wie oft der Gegner preflop mitgeht,
- wie oft er erhöht,
- wie viele Showdowns er sieht,
- wie viel er von diesen gewinnt,
- wie oft er die Blinds stiehlt in LP,
- wie oft er den Steal in den Blinds abwehrt,
- und einiges mehr.

Die Kenntnis dieser Features erleichtert Ihnen die eigenen Entscheidungen ungemein.

Freeware

- Hand Converter:
  Es gibt diverse Hand Converter (z.B. zerodivide.cx/converter) als Freeware. Diese kleinen Programme bringen die gespeicherten Partienotationen in eine grafisch ansprechende und leicht lesbare Form.
- PokerStove (pokerstove.com):
  Diese Freeware berechnet Gewinnerwartungen bestimmter Hände. Ob Starting Hands oder Flop, die Ergebnisse bieten viel Raum für eigene Analysen.
- Multitable helper (multitablehelper.com):
  Wenn Sie unbedingt 5 bis 10 Tische spielen wollen, leistet dieses Programm gute Dienste. Es reiht die Tische nach Aktivierung in eine Warteschlange, sodass man sie bequem abarbeiten kann. Die Steuerung über die Tastatur oder die Stimme wird auch unterstützt.

Spielprogramme

Wenn Sie auch außerhalb des Internets spielen möchten, kann ein Spielprogramm das Richtige für Sie sein. Die besten Programme bietet meiner Meinung nach Wilson Software an (wilsonsoftware.com). Turbo Texas Hold'em z.B. spielt stark, wenn gewünscht, lässt die Spielerprofile frei editieren, bietet Showdown-Analyse, diverse Spielstile, Ratschläge u.v.m. Leider ist es nicht ganz billig.

Spielen im Internet

Für die meisten Menschen ist das Spiel im Internet die einzige Möglichkeit, regelmäßig Poker zu spielen. Das Internet bietet konventionellen Casinos gegenüber zahlreiche Vorteile, aber auch einige Nachteile. Darüber wollen wir im Folgenden reden.

Vorteile

Im Internet kann man zu Hause und zu jeder Tageszeit spielen. Dies impliziert einige weitere Vorteile: Es gibt keine Anfahrtskosten, keine Extra-Kosten für Verpflegung, kein Trinkgeld für den Croupier. Man braucht kein Sakko und keine Krawatte anziehen.

Noch wichtiger sind die technischen Vorteile. Der Rake ist niedriger, man bekommt großzügige Bonuszahlungen je nach produziertem Rake, es stehen mehr Tische zur Verfügung, unter denen die Wahl durch Angaben wie Potgröße und Anzahl der Spieler am Flop erleichtert wird. Es werden mehrere Pokervarianten sowie mehr Limits angeboten. Das Spiel ist schneller, es können mehrere Tische parallel gespielt werden; beim Spiel hat man eine bessere Übersicht über die Potgröße und – mit den entsprechenden Hilfsmitteln – auch über die statistischen Eigenschaften der Gegenspieler und des eigenen Spiels. Man darf Tabellen oder sonstige Hilfsmittel während des Spiels benutzen.

Nachteile

Manche Live-Spieler würden die Atmosphäre eines Casinos um nichts in der Welt für die Hektik des Internet-Spiels tauschen. Es hat schon mehr Erlebnischarakter, in einem richtigen Casino mit richtigen Menschen zusammenzusitzen. Nicht zu vergessen ist der soziale Aspekt, der im Internet nicht in dem Maße gegeben ist.

Im Live-Spiel kann die Körpersprache der Spieler für den aufmerksamen Beobachter die eine oder andere Information liefern. So etwas ist im Internet nicht gegeben.

Im Internet spielt man in der Regel aggressiver, zum Teil bedingt durch das jüngere Publikum, zum Teil durch die niedrigere Hemmschwelle beim Erhöhen. Im Live-Spiel muss man in den Chip-Stapel greifen, die Blicke der Gegner ertragen, während dies online alles durch einen Mausklick geschieht.

Im Internet sind Spieler verhältnismäßig kurz an einem Tisch zusammen, d. h., sie bauen kein Table Image auf, wodurch sie grundsätzlich unberechenbarer sind.

Für die absoluten Top-Spieler bietet das Internet als Massenmedium keine ausreichend hohen Limits. Sie spielen und leben meistens in Las Vegas, wo sogar um Millioneneinsätze gespielt werden kann.

Auswahl der Site

Die Auswahl des richtigen Anbieters kann einigen Problemen vorbeugen. Mittlerweile gibt es Hunderte von Anbietern, was die Wahl für den unerfahrenen Spieler nicht gerade leicht macht. Prinzipiell sollten Sie große Casinos bevorzugen. Sie werden von mehreren hunderttausend Spielern besucht und investieren viel Geld in PR-Maßnahmen, sodass sie sich keine Unseriosität leisten können. Kleinere Sites können unter Umständen zahlungsunfähig werden, was den Verlust des eigenen Deposits bedeutet. Weiterhin sollten Sie darauf achten, dass die Limits, die Sie aktuell spielen, in genügend großer Zahl an Tischen verfügbar sind und im Falle von Anfängertischen keine lästigen Zeitbegrenzungen für das Limit bestehen (wie etwa 45 Tage für 0,25/0,50 $ Limit). Solche Zeitbegrenzungen können das Bankroll Management erheblich erschweren.

Viele große Sites bieten großzügige Boni für Geldeinzahlungen sowie für Vielspieler an. Solche Extras können pro Monat eine erhebliche Summe ergeben, deshalb sollten Sie sich darüber ausreichend informieren.
Weiterhin ist die Qualität des Supports und der Software zu beachten, da man mit beidem oft konfrontiert wird. Von Bedeutung ist ebenfalls, ob die Site Multitabling ermöglicht.

Zur Auswahl siehe Abschnitt »Websites«, Seite 229, 230.

Auswahl des Tisches

Wenn Sie einen geeigneten Anbieter gefunden haben, können Sie mit dem Spielen beginnen. Zur Auswahl steht eine ganze Reihe an Tischen, sodass Sie erst einmal eine Entscheidung treffen müssen. Die Wahl des Tisches kann die Gewinnerwartung erheblich beeinflussen. Die meisten Sites liefern Angaben über die durchschnittliche Potgröße des aktuellen Tisches sowie über die prozentuale Beteiligung der Spieler am Flop. Beide Werte sollten möglichst hoch sein.
Wenn Sie z. B. die Ratschläge in diesem Buch beim Preflop-Spiel befolgen, spielen Sie etwa 20–25 % Ihrer Hände. Falls die Gegner am Tisch im Schnitt 35 % spielen, sind Sie von vornherein signifikant im Vorteil.
Die Auswahlmöglichkeiten werden durch technische Hilfsprogramme wie z. B. PokerAce weiter verfeinert, da Sie weitere statistische Details über die Gegner erfahren.

Multitabling

Multitabling (d. h. parallel mehrere Tische spielen) ist immer ein Thema, wenn es um das Internet-Spiel geht. Es ist einer der größten Vorteile, die das Internet bietet. Ein Winning Player, der beispielsweise an einem Tisch 2 BB/Stunde schafft, kann die Gewinne an vier Tischen oft mindestens verdreifachen.

Multitabling erfordert allerdings einiges an handwerklichem Können und ist nicht jedermanns Sache. Selbstverständlich bekommt der einzelne Tisch nicht das Maß an Aufmerksamkeit bei 4-Tabling wie bei Single-Tabling. Solange Sie also die strategischen Grundprinzipien des Spiels nicht beherrschen, sollten Sie die Finger von Multitabling lassen, denn nicht nur Gewinne, sondern auch Verluste können sich potenzieren.
Die Mechanismen sollten Sie zunächst mit Spielgeld einüben und sich erst, wenn Sie sich genügend sicher fühlen, an die Geldtische wagen.

Betrug im Internet

Manche Leute sind dem Internet gegenüber grundsätzlich misstrauisch. Es kursieren zahlreiche Verschwörungstheorien, viele befürchten, das Datennetz könne man manipulieren und somit Menschen und Institutionen wie Marionetten behandeln. Einige meiden aus diesen Gründen das Online-Spiel. Sie sehen verschiedene Möglichkeiten des Betrugs, die sie für ihr Geld für gefährlich erachten.

Im Folgenden wollen wir einige dieser Theorien beleuchten, um den Leser zu beruhigen.

Eine verbreitete Sorge gilt den Anbietern. Sie könnten, meinen manche, die Technik dazu nutzen, die Karten der Spieler zu sehen und hieraus Profit zu ziehen.
Dieser Punkt ist absurd. Namhafte Anbieter investieren Millionen in Werbung, Software und Support und verdienen dafür sehr gut an den Rakes der Spieler. Kein Casino würde es wegen eines Betrugs riskieren, diese Investitionen in den Sand zu setzen und die zahlenden Kunden zu verscheuchen.

Eine andere Version besteht darin, dass Hacker sich in die Sites knacken und die Karten sehen.

Diese Sorge ist verbreitet in Bezug auf einige Internet-Dienste (wie z. B. Online-Banking). Von Anbieter-Seite sind jedoch viele Abwehrmechanismen erarbeitet worden; die besten Experten stellen hierfür ihr Wissen zur Verfügung. Wenn diese Sorge real wäre, wären Online-Casinos bereits verschwunden.

Eine reelle Angst besteht vor der Komplizenschaft zweier Spieler. Wenn zwei Spieler sich – per Telefon etwa – kurzschließen und ihre Strategie aufeinander abstimmen, sind sie deutlich im Vorteil.
Dieses Problem kennen natürlich auch Live-Casinos. Die Sites haben zur Erkennung solchen Verhaltens ausgeklügelte Detektoren programmiert, wobei es auch jedem Spieler freisteht, verdächtige Fälle dem Support zu melden.

Bekannt ist weiterhin der Missbrauch der »disconnect protection« = all in ohne weitere Einsätze. Dies kann vorteilhaft sein, weil man ohne zusätzliches Geld den Showdown sieht. Durch absichtliche Trennung der Internet-Verbindung kann man diese Situation hervorrufen.
Jemand, der so etwas regelmäßig macht, erregt die Aufmerksamkeit der Mitspieler und des Anbieters und muss mit Konsequenzen rechnen.

Zuletzt ein Punkt, der in vielen Foren immer wieder heiß diskutiert wird: das Einsetzen von Bots (spielenden Programmen).
Es ist bekannt, dass die Entwicklung von Hard- und Software und der künstlichen Intelligenz mit schwindelerregender Geschwindigkeit voranschreitet. Eine ganze Reihe an komplexen Problemen kann heute maschinell gelöst werden. Auch im Bereich der Spiele gibt es beachtliche Erfolge: Schach- oder Back-Gammon-Programme etwa können menschliche Gegner eindeutig besiegen.
Im Poker zeigt sich ein anderes Bild: Es gibt zwar Spielprogramme, doch sie können das menschliche Spielverhalten kaum abbilden. Poker ist ein Spiel der unvollständigen Informationen

und kann aufgrund ihrer Struktur maschinell nur schwer erfasst werden. Experten sind sich einig: Die Programme bedeuten keine Konkurrenz für den Menschen. Es reicht nicht, nach rein mathematischen Gesetzen zu spielen; Strategien wie das Bluffen sind unerlässlich.
Natürlich ist es denkbar, das niedrige Niveau der Low Limits durch Bots auszubeuten: eine Maschine mit mathematisch korrektem Spiel könnte hier mit 24 Stunden Einsatz an mehreren Tischen Profit erwirtschaften. Die Anbieter haben diese Gefahr auch erkannt und schützen sich durch Detektor-Programme: Der Missbrauch zieht den Ausschluss des Spielers nach sich.

Insgesamt kann also das Fazit gezogen werden, dass Betrug im Internet nicht zu den greifbaren Gefahren gehört; dadurch werden Ihre Gewinnaussichten nicht geschmälert. Niemand sollte sich dadurch vom Online-Spiel abbringen lassen.
Viel wichtiger ist es, auf den Bekanntheitsgrad und die finanzielle Stabilität des Anbieters zu achten. Wenn Sie auf kleinen, unbekannten Sites spielen, sollten Sie dort nicht allzu viel Geld deponieren.

Turniere

Turniere sind eine spannende Poker-Form mit wachsender Popularität. Das größte und renommierteste Turnier der Welt, The World Series of Poker in Las Vegas mit mehreren Millionen Dollar Preisgeld, zählt Jahr für Jahr zehntausende Teilnehmer. Neben den Live-Turnieren kann man bei fast jedem Online-Anbieter unter unzähligen Online-Turnieren wählen.
Bei Turnieren erhält der Spieler nach der Zahlung eines sogenannten Buy-in eine bestimmte Anzahl an Chips. Diese haben mit Geld nichts zu tun, sondern sind wie Punkte zu verstehen. Mit diesen Chips kann der Spieler wirtschaften, er kann sie alle verlieren oder die der Gegner gewinnen und Erster werden.

Die Preisverteilung erfolgt nach einem vorher festgelegten Schema: z. B. 40 % der eingenommenen Startgelder für den ersten, 20 % für den zweiten, 10 % für den dritten Platz, je 5 % für die Plätze 4–7 und je 3,3 % für die Plätze 8–10.
Das Potenzial, mit einer kleinen Investition viel Geld zu gewinnen, macht Turniere attraktiv. Viele Profis spielen ausschließlich Turniere.
In diesem Buch wird das Turnierspiel nicht explizit behandelt; mit dem Wissen für Limit-Ring-Games haben Sie jedoch solide Grundlagen für das erfolgreiche Spiel in Turnieren.

Bonus-Zahlungen

Ein erfreuliches Extra beim Online-Spiel sind Bonus-Zahlungen. Gute Spieler können mehrere 100 $ monatlich an Bonus-Zahlungen sammeln.
Es gibt verschiedene Formen dieser Zahlungen:

- Die meisten Anbieter belohnen neue Mitglieder mit einem Begrüßungs-Bonus.
- Weiterhin ist der Deposit-Bonus verbreitet: Sie zahlen eine bestimmte Summe auf Ihr Spielkonto ein und bekommen 20–25 % Bonus. Um das Geld abzuheben, müssen Sie dann eine bestimmte Anzahl an Händen spielen. Mit diesem Bonus können Sie die eigene Bankroll schnell erhöhen: Sie gehen auf eine neue Site, kassieren den Bonus, spielen die Hände, heben das Geld ab, gehen zur nächsten Site usw. Allerdings müssen Sie vorsichtig sein mit kleinen Anbietern: Diese können bankrott gehen, und Sie sehen Ihr Geld nie wieder, geschweige denn den Bonus.
- Die meisten Casinos bieten neuerdings Punkte für gespielte Hände bzw. für den produzierten Rake an. Mit diesen Punkten kann man dann im Fan-Shop wertvolle Sachen erwerben oder sich zu Turnieren anmelden oder in manchen Fällen die Punkte direkt auscashen.

4
ÜBUNGS-AUFGABEN

Aufgaben

Die folgenden Aufgaben sollen Ihnen dabei helfen, das Gelernte zu überprüfen und Ihre Fortschritte zu kontrollieren. Sie sind thematisch durchgemischt, denn eine sequenzielle Abarbeitung erzielt in der Regel den größten Lerneffekt. Falls Sie die Aufgaben nach Themen geordnet lösen möchten, können Sie dafür das Themenregister benutzen.
Die Spielverläufe sind im Stil eines Hand-Converters erfasst, d.h., die Spielzüge sind auf Englisch angegeben. Die Erklärungen dazu finden Sie im Glossar.

Aufgabe 1

Sie halten:

EP1 calls, 3 fold, MP2 calls, 2 fold, Sie sind dran.
Was machen Sie?

Aufgabe 2

Sie halten:

2 folds, EP3 calls, MP1 calls, 3 fold, LP2 calls, SB calls, Sie checken.

Der Flop:

SB checks, Sie sind dran.
Was machen Sie?

Aufgabe 3

Sie halten:

4 fold, MP2 raises, MP3 calls, LP1 calls, Sie callen, SB calls, 1 folds.

Der Flop:

MP2 bets, 1 folds, LP1 calls, Sie raisen, 1 folds, MP2 3-bets, 1 folds, Sie sind dran.
Was machen Sie?

Aufgabe 4

Sie halten:

4 fold, Sie raisen, MP3 calls, 3 fold, BB calls.

Der Flop:

BB checks, Sie sind dran.
Was machen Sie?

Aufgabe 5

Sie halten:

EP1 raises, 4 fold, MP3 calls, Sie machen 3-bet, 3 fold, EP1 calls, MP3 calls.

Der Flop:

EP1 bets, MP3 calls, Sie raisen, EP1 calls, MP3 calls.

Der Turn:

EP1 checks, MP3 checks, Sie setzen, EP1 calls, MP3 calls.

Der River:

EP1 checks, MP3 checks, Sie sind dran.
Was machen Sie?

Aufgabe 6

Sie halten:

1 folds, EP2 calls, 2 fold, MP2 calls, MP3 raises, 3 fold, Sie sind dran.
Was machen Sie?

Aufgabe 7

Sie halten:

2 fold, EP3 raises, 4 fold, Sie callen, SB calls, 1 folds.

Der Flop:

SB checks, EP3 bets, Sie sind dran.
Was machen Sie?

Aufgabe 8

Sie halten:

2 fold, EP3 calls, MP1 calls, MP2 calls, MP3 calls, 1 fold, LP2 calls, Sie callen, BB checks.

Der Flop:

Sie checken, BB checks, EP3 checks, MP1 checks, MP2 bets, MP3 raises, 1 fold, Sie sind dran.
Was machen Sie?

Aufgabe 9

Sie halten:

EP1 calls, EP2 calls, 3 fold, Sie callen, 2 fold, SB calls, BB checks.

Der Flop:

BB checks, EP1 checks, EP2 checks, Sie sind dran.
Was machen Sie?

Aufgabe 10

Sie halten:

EP1 calls, 3 fold, MP2 calls, MP3 calls, 2 fold, SB calls, Sie checken.

Der Flop:

SB bets, Sie sind dran.
Was machen Sie?

Aufgabe 11

Sie halten:

1 folds, EP2 calls, EP3 raises, 3 fold, LP1 calls, 2 fold, Sie sind dran.
Was machen Sie?

Aufgabe 12

Sie halten:

EP1 calls, 4 fold, MP3 raises, LP1 calls, Sie machen 3-bet, 2 fold, EP1 calls, MP3 calls, LP1 calls.

Der Flop:

EP1 checks, MP3 bets, LP1 calls, Sie raisen, EP1 calls, MP3 calls, LP1 calls.

Der Turn:

EP1 checks, MP3 checks, LP1 bets, Sie sind dran.
Was machen Sie?

Aufgabe 13

Sie halten:

Sie callen, 7 fold, SB calls, BB checks.

Der Flop:

SB checks, BB checks, Sie sind dran.
Was machen Sie?

Aufgabe 14

Sie halten:

4 fold, MP2 raises, MP3 calls, 3 fold, Sie callen.

Der Flop:

Sie checken, MP2 bets, 1 folds, Sie sind dran.
Was machen Sie?

Aufgabe 15

Sie halten:

2 fold, EP3 calls, MP1 calls, 3 fold, Sie callen, SB calls, BB checks.

Der Flop:

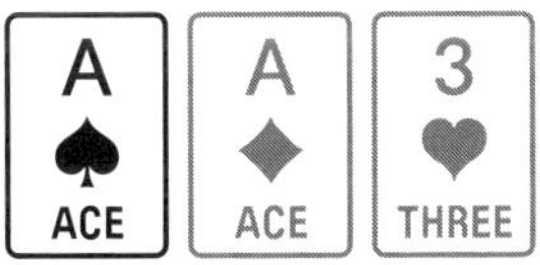

SB checks, EP3 checks, MP1 bets, Sie sind dran.
Was machen Sie?

Aufgabe 16

Sie halten:

3 fold, MP1 calls, 4 fold, Sie sind dran.
Was machen Sie?

Aufgabe 17

Sie halten:

8 fold, Sie sind dran.
Was machen Sie?

Aufgabe 18

Sie halten:

EP1 calls, 7 fold, SB calls, Sie checken.

Der Flop:

SB checks, Sie sind dran.
Was machen Sie?

Aufgabe 19

Sie halten:

Sie callen, 4 fold, MP3 calls, LP1 raises, 3 fold, Sie callen, MP3 calls.

Der Flop:

Sie checken, MP3 checks, LP1 bets, Sie sind dran.
Was machen Sie?

Aufgabe 20

Sie halten:

3 fold, MP1 calls, 1 folds, MP3 calls, LP1 calls, 1 folds, Sie callen, BB checks.

Der Flop:

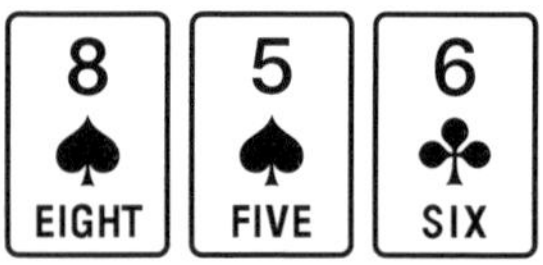

Sie setzen, BB calls, MP1 calls, 1 folds, LP1 calls.

Der Turn:

Sie setzen, BB raises, MP1 3-bets, 1 fold, Sie sind dran.
Was machen Sie?

Aufgabe 21

Sie halten:

3 fold, MP1 calls, MP2 calls, 2 fold, LP2 raises, Sie callen, 1 folds, MP1 calls, MP2 calls.

Der Flop:

Sie sind dran.
Was machen Sie?

Aufgabe 22

Sie halten:

2 fold, Sie raisen, MP1 calls, 5 fold, BB calls.

Der Flop:

BB bets, Sie sind dran.
Was machen Sie?

Aufgabe 23

Sie halten:

3 fold, MP1 raises, 4 fold, SB calls, Sie callen.

Der Flop:

SB bets, Sie sind dran.
Was machen Sie?

Aufgabe 24

Sie halten:

EP1 calls, 4 fold, MP3 calls, 2 fold, Sie callen, BB checks.

Der Flop:

Sie sind dran.
Was machen Sie?

Aufgabe 25

Sie halten:

1 folds, EP2 calls, EP3 raises, 2 fold, Sie sind dran.
Was machen Sie?

Aufgabe 26

Sie halten:

5 fold, MP3 calls, Sie raisen, 3 fold, MP3 calls.

Der Flop:

MP3 checks, Sie setzen, MP3 calls.

Der Turn:

MP3 checks. Sie sind dran.
Was machen Sie?

Aufgabe 27

Sie halten:

6 fold, Sie raisen, 1 folds, SB calls, 1 folds.

Der Flop:

SB bets. Sie sind dran.
Was machen Sie?

Aufgabe 28

Sie halten:

6 fold, LP1 raises, LP2 calls, Sie callen, BB calls.

Der Flop:

Sie sind dran.
Was machen Sie?

Aufgabe 29

Sie halten:

5 fold, MP3 raises, Sie reraisen, 2 fold, BB calls, MP3 calls.

Der Flop:

BB checks, MP3 checks, Sie sind dran.
Was machen Sie?

Aufgabe 30

Sie halten:

4 fold, MP2 calls, 3 fold, Sie sind dran.
Was machen Sie?

Aufgabe 31

Sie halten:

EP1 calls, 4 fold, Sie callen, 3 fold, BB checks.

Der Flop:

BB bets, 1 folds, Sie sind dran.
Was machen Sie?

Aufgabe 32

Sie halten:

5 fold, MP3 calls, Sie callen, EP2 calls, SB calls, BB checks.

Der Flop:

SB checks, BB bets, MP3 calls, Sie callen (Raise ist besser), LP2 calls, 1 folds.

Der Turn:

BB bets, 1 folds, Sie callen, LP2 calls.

Der River:

BB checks, Sie checken, LP2 bets, BB calls, Sie sind dran. Was machen Sie?

Aufgabe 33

Sie halten:

4 fold, MP2 calls, MP3 calls, Sie callen, 2 fold, BB checks.

Der Flop:

MP2 bets, 1 folds, Sie sind dran.
Was machen Sie?

Aufgabe 34

Sie halten:

1 folds, EP2 calls, 2 fold, MP2 calls, MP3 raises, 2 fold,
Sie sind dran.
Was machen Sie?

Aufgabe 35

Sie halten:

EP1 calls, EP2 calls, 3 fold, Sie callen, 2 fold, SB calls, BB checks.

Der Flop:

SB bets, 2 fold, EP2 calls, Sie sind dran.
Was machen Sie?

Aufgabe 36

Sie halten:

1 folds, Sie callen, 2 fold, MP2 calls, MP3 raises, 3 fold, BB 3-bets, Sie sind dran.
Was machen Sie?

Aufgabe 37

Sie halten:

8 fold, Sie callen (Raise ist besser), BB checks.

Der Flop:

Sie setzen, BB calls.

Der Turn:

Sie sind dran.
Was machen Sie?

Aufgabe 38

Sie halten:

5 fold, MP3 calls, LP1 calls, Sie raisen, SB calls, BB calls, MP3 calls, LP1 calls.

Der Flop:

SB checks, BB bets, MP3 calls, 1 folds, Sie sind dran.
Was machen Sie?

Aufgabe 39

Sie halten:

7 fold, LP2 raises, 1 folds, Sie callen.

Der Flop:

Sie sind dran.
Was machen Sie?

Aufgabe 40

Sie halten:

4 fold, MP2 raises, MP3 calls, 1 folds, Sie callen, 1 folds, BB calls.

Der Flop:

BB checks, MP2 checks, MP3 checks, Sie setzen, 1 folds, MP2 raises, MP3 3-bets, Sie sind dran.
Was machen Sie?

Aufgabe 41

Sie halten:

3 fold, MP1 calls, Sie callen, 2 fold, LP2 calls, SB calls, BB checks.

Der Flop:

SB checks, BB checks, MP1 bets, Sie sind dran.
Was machen Sie?

Aufgabe 42

Sie halten:

2 fold, EP3 calls, MP1 raises, MP2 calls, 2 fold, Sie callen, 2 fold, EP3 calls.

Der Flop:

EP3 checks, MP1 bets, 1 folds, Sie sind dran.
Was machen Sie?

Aufgabe 43

Sie halten:

6 fold, LP1 calls, Sie raisen, 1 folds, BB calls, LP1 calls.

Der Flop:

BB checks, LP1 bets, Sie callen, BB calls.

Der Turn:

BB checks, LP1 bets, Sie raisen, BB 3-bets, LP1 calls, Sie callen.

Der River:

BB bets, LP1 raises, Sie sind dran.
Was machen Sie?

Aufgabe 44

Sie halten:

4 fold, MP2 calls, 3 fold, SB calls, Sie checken.

Der Flop:

SB checks, Sie sind dran.
Was machen Sie?

Aufgabe 45

Sie halten:

2 fold, EP3 calls, MP1 calls, 5 fold, Sie checken.

Der Flop:

Sie sind dran.
Was machen Sie?

Aufgabe 46

Sie halten:

1 folds, Sie callen, EP3 raises, 2 fold, MP3 3-bets, 3 fold, BB caps, Sie sind dran.
Was machen Sie?

Aufgabe 47

Sie halten:

6 fold, Sie sind dran.
Was machen Sie?

Aufgabe 48

Sie halten:

1 folds, EP2 calls, EP3 calls, MP1 calls, 3 fold, LP2 calls, Sie callen, BB checks.

Der Flop:

Sie sind dran.
Was machen Sie?

Aufgabe 49

Sie halten:

4 fold, MP2 calls, Sie callen, 1 folds, LP2 raises, 1 folds, BB calls, MP2 calls, Sie callen.

Der Flop:

BB checks, MP2 checks, Sie sind dran.
Was machen Sie?

Aufgabe 50

Sie halten:

2 fold, EP3 calls, MP1 calls, 3 fold, Sie callen, 1 folds, BB checks.

Der Flop:

BB checks, EP3 bets, 1 folds, Sie raisen, 1 folds, EP3 calls.

Der Turn:

EP3 checks, Sie sind dran.
Was machen Sie?

Aufgabe 51

Sie halten:

3 fold, MP1 calls, MP2 calls, MP3 calls, LP1 calls, LP2 calls, Sie callen, BB checks.

Der Flop:

Sie checken, BB checks, MP1 bets, MP2 calls, MP3 calls, 1 folds, LP2 raises, Sie sind dran.
Was machen Sie?

Aufgabe 52

Sie halten:

Sie raisen, 4 fold, MP3 3-bets, 1 folds, LP2 calls, 2 fold, Sie callen.

Der Flop:

Sie sind dran.
Was machen Sie?

Aufgabe 53

Sie halten:

1 folds, EP2 calls, EP3 calls, 3 fold, LP1 calls, Sie sind dran.
Was machen Sie?

Aufgabe 54

Sie halten:

4 fold, MP2 raises, MP3 3-bets, 1 folds, Sie sind dran.
Was machen Sie?

Aufgabe 55

Sie halten:

7 fold, LP2 raises, Sie callen, 1 folds.

Der Flop:

Sie sind dran.
Was machen Sie?

Aufgabe 56

Sie halten:

3 fold, MP1 calls, 1 folds, MP3 calls, LP1 calls, LP2 calls, SB calls, Sie checken.

Der Flop:

SB checks, Sie sind dran.
Was machen Sie?

Aufgabe 57

Sie halten:

2 fold, Sie callen, 3 fold, LP1 calls, LP2 calls, 1 folds, BB checks.

Der Flop:

BB checks, Sie sind dran.
Was machen Sie?

Aufgabe 58

Sie halten:

4 fold, MP2 raises, 1 folds, Sie reraisen, 3 fold, MP2 calls.

Der Flop:

MP2 checks, Sie sind dran.
Was machen Sie?

Aufgabe 59

Sie halten:

2 fold, EP3 calls, Sie raisen, MP2 calls, 2 fold, LP1 calls, LP2 calls, 2 fold, EP3 calls.

Der Flop:

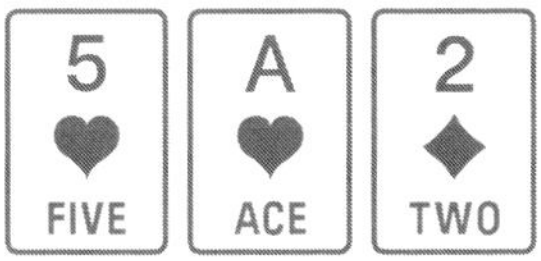

EP3 checks, Sie sind dran.
Was machen Sie?

Aufgabe 60

Sie halten:

EP1 calls, EP2 calls, 4 fold, LP1 calls, Sie callen, 1 folds, BB checks.

Der Flop:

BB checks, EP1 bets, 1 folds, LP1 calls, Sie sind dran. Was machen Sie?

Aufgabe 61

Sie halten:

3 fold, MP1 calls, 1 folds, MP3 calls, Sie callen, 1 folds, SB calls, BB checks.

Der Flop:

SB bets, 3 fold, Sie sind dran.
Was machen Sie?

Aufgabe 62

Sie halten:

1 folds, EP2 calls, EP2 calls, 3 fold, LP1 calls, Sie sind dran.
Was machen Sie?

Aufgabe 63

Sie halten:

1 folds, EP2 raises, 3 fold, Sie sind dran.
Was machen Sie?

Aufgabe 64

Sie halten:

6 fold, LP1 raises, 2 fold, Sie callen (Folden wäre richtig).

Der Flop:

Sie checken, LP1 bets, Sie sind dran.
Was machen Sie?

Aufgabe 65

Sie halten:

5 fold, MP3 raises, LP1 calls, Sie callen, 2 fold.

Der Flop:

MP3 bets, LP1 folds, Sie sind dran.
Was machen Sie?

Lösungen

Lösung Aufgabe 1

Sie folden.

Erklärung:
1. Ihre Hand: 97s
2. Position: Late
3. Raise: keine
4. Limper: zwei
5. Liste: call 4

Da weniger als vier Spieler in der Hand spielen, sind die Voraussetzungen nicht erfüllt.

Lösung Aufgabe 2

Sie checken.

Sie haben 4 Outs für den Gutshot, aber drei Spieler müssen noch hinter Ihnen agieren. Bluffen gegen so viele Gegner ist aussichtslos. Sie können nur callen, wenn genügend mitspielen und die nötigen Pot Odds sichern. Sonst ist folden angesagt.

Lösung Aufgabe 3

Sie cappen.

Es ist unwahrscheinlich, dass der Gegner KK oder QQ hält, da Sie auch K und Q halten. Vielleicht hat er AA. Nach dem Cap hat man auch Chancen, dass der Gegner am Turn setzt, da er Sie bei dem Flop auf einen Draw setzen und sich gegen eine Free Card verteidigen kann. So können Sie einen großen Pot bilden.

Lösung Aufgabe 4

Sie setzen.

Dieser Flop hilft wahrscheinlich niemandem, und es ist schwer, hier jemand aus der Hand zu treiben, da keine Scare Cards da sind. Sie sollten trotzdem den Druck beibehalten, nachdem Sie vor dem Flop erhöht haben und niemand reraist hat. Die Gegner sollen erst mal etwas treffen.

Lösung Aufgabe 5

Sie setzen.

Wenn die Gegner zwei Paare oder Besseres halten, hätten sie am Turn check-raised. Sie liegen also wahrscheinlich vorne.

Lösung Aufgabe 6

Sie callen.

Erklärung:
1. Ihre Hand: T8s
2. Position: BB
3. Raise: 1
4. Spieler: drei
5. Liste: call 2

Da drei Spieler in der Hand sind, sind die Voraussetzungen für einen Call erfüllt.

Lösung Aufgabe 7

Sie callen.

Erhöhen ist auch nicht schlecht, vor allem, wenn jemand meint, Sie wollen eine Free Card, und erhöht wieder. Es besteht auch die Gefahr, dass ein viertes Kreuz kommt und das Mitspiel abwürgt. Allerdings kann eine Erhöhung den SB vertreiben. Mit Call hat man die Chance, an den teureren Straßen zu erhöhen.

Lösung Aufgabe 8

Sie callen.

Sie haben 5–1-Chance, die Hand zur Straße zu verbessern, und bekommen 5–1 Pot Odds beim Mitgehen. Außerdem können Sie mit zusätzlichen Gewinnen rechnen, wenn die Hand komplettiert wird.

Lösung Aufgabe 9

Sie setzen.

Es haben bereits drei Spieler gecheckt; es besteht eine kleine Chance, den Pot bei diesem Flop gleich zu gewinnen. Wenn nicht, können Sie am Turn unter Umständen eine Free Card bekommen für den Nut-Flush-Draw.

Lösung Aufgabe 10

Sie folden.

Es sind noch drei Spieler hinter Ihnen und mit Draws und Trips kann es eine Menge Erhöhungen geben. All diese Hände können Sie nicht schlagen (+ Kx); Sie haben bloß Top Pair ohne Kicker.

Lösung Aufgabe 11

Sie callen.

Erklärung:
1. Ihre Hand: JJ
2. Position: BB
3. Raise: 1
4. Spieler: drei
5. Liste: raise 1

Da mehr als ein Spieler drin ist, callen Sie nur.

Lösung Aufgabe 12

Sie erhöhen.

Es ist unwahrscheinlich, dass LP1 zwei Paare hält, da er mit zwei der Boardkarten kaum eine Erhöhung vor dem Flop mitgegangen wäre. Aus dem gleichen Grund ist auch eine Straße unwahrscheinlich. Also sollten Sie weiter der Aggressor bleiben. Hält er ein Set, wird er auch erhöhen, und Sie können folden, d.h., die Erhöhung kostet genauso viel wie Callen am Turn und am River, maximiert aber die Gewinnchancen.

Lösung Aufgabe 13

Sie setzen.

Die Gegner haben Schwäche gezeigt. Sie haben Middle Pair mit Top Kicker, wahrscheinlich liegen Sie vorne.

Lösung Aufgabe 14

Sie folden.

Wegen des Preflop-Raise müssen Sie Ihre Outs discounten. Hände wie AA, KK, QQ, JJ, 99, AQ und A9 verfälschen Ihre Outs. Der Pot ist nicht groß genug für einen Call.

Lösung Aufgabe 15

Sie callen.

Nur ein Spieler zeigte Stärke. Die restlichen können Ass-Trip langsam spielen. Diese will man überraschen, wenn sie am Turn setzen oder erhöhen.

Lösung Aufgabe 16

Sie callen.

Erklärung:
1. Ihre Hand: Q3s
2. Position: SB
3. Raise: keine
4. Limper: 1
5. Liste: call

Gemäß dem Eintrag callen Sie.

Lösung Aufgabe 17

Sie erhöhen.

Erklärung:
1. Ihre Hand: JTs
2. Position: SB
3. Raise: keine
4. Limper: keine
5. Liste: raise 0

Da keine Spieler drin sind, trifft der Eintrag zu.

Lösung Aufgabe 18

Sie setzen.

Der Pot ist zwar klein, aber eine Free Card wäre zu riskant. Da preflop niemand Stärke gezeigt hat, ist wahrscheinlich, dass durchgecheckt wird.

Lösung Aufgabe 19

Sie erhöhen.

Mit Flush-Draws spielt man gerne gegen mehr Gegner, aber hier hat man mit dem Paar möglicherweise die beste Hand und sollte die Gegner vertreiben, um den Pot gleich zu gewinnen. Als Hintertür bleibt natürlich der Nut-Flush-Draw.

Lösung Aufgabe 20

Sie folden.

Wenn drei Gegner einen 2-suited Flop callen, ist ein Flush-Draw sehr wahrscheinlich. Die Aktivitäten am Turn, nachdem das dritte Pik gefallen ist, belegen dies. Sich zu vergewissern, dass Sie doch die beste Hand haben, kostet zu viel. Selbst wenn ja, können Sie noch am River verlieren.

Lösung Aufgabe 21

Sie check-raisen.

LP2 wird wahrscheinlich setzen, und Sie können durch eine Erhöhung den Gewinn dieses großen Pottes vorbereiten. Außerdem erlauben Sie nicht, dass jemand am Turn evtl. billig Draws bekommt.

Lösung Aufgabe 22

Sie raisen.

Da der Pot vor dem Flop geraist wurde und groß ist, sollten Sie versuchen, ihn mit dem Nut-Draw gleich zu gewinnen.

Lösung Aufgabe 23

Sie erhöhen.

Sie haben einen guten Straight-Draw plus Overcards bei einem ziemlich großen Pot. So können Sie den Preflop-Raiser vertreiben, der vielleicht höhere Overcards hält, und Outs kaufen für Ihre Overcards. Außerdem bekommen Sie wahrscheinlich eine Free Card am Turn, wenn er foldet.

Lösung Aufgabe 24

Sie checken.

Der Pot ist klein. Eine Bet würde die Spieler vertreiben, wenn sie den Flop nicht getroffen haben. Eine Free Card kann ihre Hände verbessern, sodass sie am Turn gut mitspielen.

Lösung Aufgabe 25

Sie folden.

Erklärung:
1. Ihre Hand: ATs
2. Position: Middle
3. Raise: 1
4. Spieler: zwei
5. Liste: call 3

Da weniger als drei Spieler in der Hand spielen, sind die Voraussetzungen nicht erfüllt.

Lösung Aufgabe 26

Sie setzen.

Bleiben Sie der Aggressor, nachdem der Gegner in jeder Runde Schwäche gezeigt hat. Mit der Scare Card am Board haben Sie gute Chancen, dass er foldet. Wenn er erhöht, können Sie sicher folden.

Lösung Aufgabe 27

Sie folden.

Der Gegner kann ein Paar getroffen haben oder Ass mit besserem Kicker halten. Semi-Bluff mit Flush-Draw ist ebenfalls möglich. Um herauszufinden, was er hat, müssen Sie drei Runden lang Bets bezahlen. Selbst wenn er nichts hat, kann er später was bekommen. Die Potgröße rechtfertigt das Mitgehen nicht.

Lösung Aufgabe 28

Sie setzen.

Sie brauchen keine Angst zu haben, in den Preflop-Raiser hineinzusetzen. Bei diesem Flop könnte er sonst mit AK, AJ oder mittlerem Paar eine Free Card nehmen.

Lösung Aufgabe 29

Sie checken.

Sie sind gegen den Preflop-Raiser und einen, der zwei Bets kalt gecallt hat, vor dem Flop. Mit drei Overcards im Flop haben Sie Probleme. Nehmen Sie also die Free Card und hoffen Sie, eine dritte T zu bekommen.

Lösung Aufgabe 30

Sie folden.

Erklärung:
1. Ihre Hand: 53s
2. Position: SB
3. Raise: keine
4. Limper: 1
5. Liste: call 2

Der Eintrag ist nicht erfüllt, da nur einer gelimpt hat, also folden Sie.

Lösung Aufgabe 31

Sie folden.

Der Pot ist klein und bietet nicht die nötigen Odds. Außerdem halten Sie das untere Ende der Straße bei einem 3-connected und 2-suited Flop, d.h., außer einem höheren Paar können Sie gegen bessere Draws oder eine fertige Straße sein.
Als Alternative zum Folden kommt evtl. ein Raise als Semi-Bluff in Frage. Dies ist aber recht riskant.

Lösung Aufgabe 32

Sie folden.

Gegen einen einzigen Gegner kann man unter Umständen eine Bet am River callen und hoffen, dass er geblufft hat. Wenn aber einer setzt und einer callt, braucht man schon eine sehr starke Hand, um mitzugehen. Middle Pair mit schwachem Kicker reicht nicht, zumal das Board 3-suited ist.

Lösung Aufgabe 33

Sie erhöhen.

Dieser Flop ist gefährlich wegen Straight- und Flush-Draws. Die Gegner mit diesen Draws sollen möglichst viel zahlen.

Lösung Aufgabe 34

Sie callen.

Erklärung:
1. Ihre Hand: KQs
2. Position: SB
3. Raise: 1
4. Spieler: drei
5. Liste: call

Gemäß dem Eintrag gehen Sie mit.

Lösung Aufgabe 35

Sie raisen.

Viele würden mit Trips Slowplay erwarten, deshalb stufen sie Sie nach einer Erhöhung schwächer ein. Außerdem kann jemand Trips halten, sodass Sie Chancen haben, gutes Mitspiel zu bekommen.

Lösung Aufgabe 36

Sie callen.

Erklärung:
1. Ihre Hand: 99
2. Position: Early
3. Raise: zwei hinter Ihnen
4. Spieler: drei
5. Liste: call 3

Bei zwei Erhöhungen hinter einem zählt der Eintrag in Late Position nach dem Schrägstrich. Dies ist hier call 3. Drei Spieler sind bereits drin.

Lösung Aufgabe 37

Sie setzen.

Am Flop haben Sie geblufft und gehofft, der Gegner halte zwei zerrissene Karten. Nun halten Sie einen Straight-Draw, d.h., Sie würden sowieso callen. Da der Gegner Ax oder ein Middle Pair folden kann, hat hier ein Semi-Bluff eine positive Erwartung.

Lösung Aufgabe 38

Sie callen.

Der Pot ist recht groß. Wegen Sets und zweier Paare müssen Sie Ihre Outs etwas discounten. Cap Pairs sind unwahrscheinlich, da vor dem Flop niemand reraist hat. Ihre Hand wird etwas durch die Backdoor Draws aufgewertet. Für eine weitere Karte kann man schon eine Bet bezahlen.

Lösung Aufgabe 39

Sie checken.

Gleich setzen bringt den Gegner womöglich dazu, zu folden. Nach einer Bet callen Sie und check-raisen am Turn. Dies sind die Standard-Moves in dieser Situation.

Lösung Aufgabe 40

Sie folden.

Bei so viel Stärke ist mindestens Dame mit Top Kicker da, eher aber Sets oder ein Overpair (Flush-Draws kommen auch in Frage). Sie haben höchstens drei Outs, eine dieser Hände schlägt Sie mit Sicherheit.

Lösung Aufgabe 41

Sie callen.

Drei Spieler müssen hinter Ihnen agieren, und Sie wollen sie durch eine Erhöhung bei diesem kleinen Pot nicht vertreiben. Ein Call hält sie eher drin und verbessert Ihre Pot Odds.

Lösung Aufgabe 42

Sie erhöhen.

Dies ist ein großer Pot. Ein Spieler ist bereits ausgestiegen, sodass Sie mit einem Semi-Bluff versuchen sollten, gleich zu gewinnen. Mit der Erhöhung können Sie auch eine Free Card am Turn erwarten.

Lösung Aufgabe 43

Sie folden.

Sie waren schon am Turn geschlagen, wie die Aktivitäten zeigten. Sie haben nur wegen des Draws gecallt. Nun haben Sie nur das Top Pair. Der Pot ist zwar groß, aber callen lohnt sich nicht.

Lösung Aufgabe 44

Sie setzen.

Diesen Flop hat kaum einer getroffen. Draws sind nicht möglich, und das Paar könnte die Spieler mit Overcards beunruhigen. Wenn nach Ihrem Einsatz nur einer übrig bleibt, sollten Sie den Bluff bei jeder Turnkarte fortsetzen.

Lösung Aufgabe 45

Sie check-raisen.

Der Pot ist klein, und der Flop ist Regenbogen und recht unkoordiniert, sodass eine Free Card nicht zu gefährlich ist. Wenn die Gegner einen Gutshot oder ein Paar halten, werden sie vielleicht setzen, und Sie können erhöhen.

Lösung Aufgabe 46

Sie folden.

Erklärung:
1. Ihre Hand: 22
2. Position: Early
3. Raise: drei hinter Ihnen
4. Spieler: drei
5. Liste: call 3

Nach drei Erhöhungen hinter sich können Sie nur Cap-Hände spielen.

Lösung Aufgabe 47

Sie folden.

Erklärung:
1. Ihre Hand: JT
2. Position: Late
3. Raise: keine
4. Spieler: keine
5. Liste: call 1

Da keine Spieler in der Hand sind, ist der Eintrag nicht erfüllt.

Lösung Aufgabe 48

Sie setzen.

Bei so vielen Spielern und mit diesem Flop kann man eine Menge Mitspiel erwarten. Manche können Flush- oder Straight-Draws, Sets oder zwei Paare halten. Also setzen und erhöhen, wenn sich die Möglichkeit bietet.

Lösung Aufgabe 49

Sie setzen.

Zwei der drei Gegner haben bereits Schwäche gezeigt. Ihre Hand ist für einen Call gut genug, also können Sie auch setzen. Der Preflop-Raiser könnte Overcards haben, d.h., der niedrige Flop bringt ihn zunächst nichts. Falls er ein Ass hält, sind diese Outs dadurch verfälscht, dass Sie auch ein Ass halten.

Lösung Aufgabe 50

Sie setzen.

So können Sie sich gegen eine Dame verteidigen. Allerdings ist Ihr Kicker schwach, sodass Sie nach einem Check-Raise folden müssen. Dies bedeutet, dass der Gegner Sets oder zwei Paare hält. Nach Ihrer Bet sollten Sie den River checken: Dies kostet das Gleiche wie check Turn, call River.

Lösung Aufgabe 51

Sie folden.

Bei dieser Hand ist Top Pair nichts wert. Selbst wenn Sie aktuell die beste Hand halten, gibt es eine Reihe Karten (Overcards, Straight-Karten), die schlecht sind für Sie. Es sind viele Spieler in der Hand, und manche haben bereits Stärke gezeigt. Also keine falschen Investitionen!

Lösung Aufgabe 52

Sie check-raisen.

MP3 wird wahrscheinlich setzen, nachdem er so viel Stärke gezeigt hat. Selbst wenn alle durchchecken, wird man Sie am Turn nach einer Bet nicht auf Bube setzen, sodass der Pot weiter vergrößert wird.

Lösung Aufgabe 53

Sie erhöhen.

Erklärung:
1. Ihre Hand: AK
2. Position: Late
3. Raise: keine
4. Limper: drei
5. Liste: cap

Mit Cap erhöhen Sie immer.

Lösung Aufgabe 54

Sie raisen.

Erklärung:
1. Ihre Hand: QQ
2. Position: Late
3. Raise: zwei
4. Spieler: zwei
5. Liste: cap

Mit diesem Eintrag erhöhen Sie immer.

Lösung Aufgabe 55

Sie check-raisen.

Der Gegner wird nach dem Preflop-Raise wahrscheinlich setzen, und Sie können dann erhöhen. Wenn er eine starke Hand hält (z. B. zwei Paare), wird er wieder erhöhen und am Turn weiter aggressiv bleiben. So können Sie einen großen Pot gewinnen.

Lösung Aufgabe 56

Sie setzen.

Obwohl der Pot klein ist, ist Slowplay gefährlich wegen möglicher Flush- und Straight-Draws. Von diesen bekommt man gutes Mitspiel.

Lösung Aufgabe 57

Sie setzen.

BB hat bereits Schwäche gezeigt, und es sind nur noch zwei weitere Spieler, die Sie schlagen müssen. Wenn sie callen, haben Sie Ihre Outs.

Lösung Aufgabe 58

Sie setzen.

Wenn man preflop reraist hat und gegen einen einzigen Gegner spielt, sollte man am Flop setzen. So wird er vielleicht JJ oder QQ folden. Wenn er reraist, können Sie folden, wenn er nur callt, müssen Sie am Turn zur Verteidigung übergehen (check/call).

Lösung Aufgabe 59

Sie setzen.

Bei diesem großen Pot sollten Sie nicht langsam spielen. In großen Pötten mit 2-suited Flop bekommt man meistens sowieso gutes Mitspiel.

Lösung Aufgabe 60

Sie folden.

Bei einem 3-suited Flop sollte man nur den Nut-Flush oder den 2. Nut-Flush anstreben. Die Overcards sind nicht viel wert wegen der Flush-Gefahr.

Lösung Aufgabe 61

Sie folden.

Sie haben 6 Outs, das sind 7–1. Der Pot bietet exakt 7–1, aber Sie sind vielleicht gegen Sets oder zwei Paare, sodass Sie, selbst wenn die Hand sich verbessert, verlieren. Außerdem können Sie auch gegen höhere Overcards sein, sodass Sie Ihre Outs entsprechend discounten müssen. So bekommen Sie dann nicht mehr die nötigen Odds.

Lösung Aufgabe 62

Sie callen.

Erklärung:
1. Ihre Hand: K7s
2. Position: Late
3. Raise: keine
4. Limper: drei
5. Liste: call 3

Da drei Spieler bereits drin sind, trifft der Eintrag zu.

Lösung Aufgabe 63

Sie raisen.

Erklärung:
1. Ihre Hand: TT
2. Position: Middle
3. Raise: 1
4. Spieler: 1
5. Liste: raise 1

Da nur ein Spieler in der Hand ist, reraisen Sie.

Lösung Aufgabe 64

Sie erhöhen.

In einer Heads-Up-Situation ist Top Pair sehr stark. Hier kommt noch dazu, dass der Flop niedrig ist, d.h., der Preflop-Raiser hat wahrscheinlich nichts getroffen. Deshalb ist hier volle Aggression angesagt.

Lösung Aufgabe 65

Sie folden.

Der Gegner hat in zwei Spieler hinein gesetzt mit einem Ass am Board. Sehr wahrscheinlich sind Sie bereits geschlagen. Selbst wenn er das Ass nicht hat, kann er KK oder QQ haben. Selbst gegen Overcards verlieren Sie, wenn K oder Q am Turn kommt. Es ist zu teuer, bis zum River zu callen, nur um zu erfahren, ob der Gegner was Besseres hat.

ANHANG

Themenregister

Hände im Poker-Jargon

AA: Pocket Rockets, Bullets, American Airlines, Arbeitsamt

KK: King Kong, Cowboys

QQ: Four Tits, Double date, Canadian Aces, Siegfried and Roy

JJ: Fish hooks

TT: Dimes, Rin Tin Tin, 20 Miles

99: Wayne Gretzky, German virgin

88: Snowmen, Octopus

77: Sunset strip, Volksmärchen

66: Route 66, Schulschreck

55: Speed limit

44: Sail boat, Magnum, midlife crisis

33: crabs, die Ungarn

22: Pierlines, Ducks

AK: Big slick, Anna Kournikova (nach dem Motto: sieht gut aus, gewinnt aber selten)

AQ: Big chick

AJ: Jack-ass, Action-Jackson, Black Jack, Ajax

AT: Klammeraffe

KQ: Marriage, Royalty

KJ: Kojak

JT: jet

J5: Jackson Five, Motown

QJ: Ehebruch

Q3: Gay waiter

95: Dolly Parton

A8: Dead man's hand (nach einer wahren Begebenheit: Ein Spieler wurde 1876 erschossen, nachdem er mit dieser Hand gewonnen hatte)

A5: Us5

K9: Canine, saw mill

T2: Doyle Brunson (er gewann zweimal die WSOP mit dieser Hand), Texas Dolly

J4: Flat tyre

72: Beer Hand (don't play, go and get a beer; die schwächste Hand)

69: oral sex, French position (siehe Position der Ziffer)

Wichtige Zahlen

In diesem Abschnitt finden Sie Wahrscheinlichkeiten wichtiger Spielsituationen wieder. Es ist wichtig, dass Sie sich diese einprägen, denn sie helfen Ihnen, strategische Entscheidungen zu fällen.

Vor dem Flop

Starthände	Wahrscheinlichkeit
Paar	5,9 %
Suited	23,5 %
Offsuit	70,6 %
AA	0,45 %
AKs	0,3 %
AK	0,9 %
Suited Connectors	2,1 %

Am Flop

Die Wahrscheinlichkeit, die Hand zu verbessern

Ausgehend von einem Paar:

Set	10,8 %	8,3–1
Full House	0,74 %	136–1
Vierling	0,25 %	407–1

Ausgehend von suited Karten:

Flush	0,84 %	118–1
Flush-Draw	10,9 %	8,1–1

Ausgehend von verbundenen Karten:

Straße	1,3 %	76–1
Straight-Draw	10,5 %	8,6–1
Gutshot	22 %	3,6–1

Ausgehend von ungleichen Karten:

Mind. ein Paar	32,4 %	2,1–1
Zwei split Paar	2 %	49–1
Trips	1,35 %	73–1
Full House (mit 2 Karten)	0,09 %	1087–1
Vierling (mit 1 Karte)	0,01 %	9799–1

Was kommt im Flop

Drilling	0,24 %
Paar	17 %
3-suited	5,2 %
2-suited	55 %
Regenbogen	39,8 %
3 verbunden	3,5 %
2 verbunden	40 %
keine verbunden	56,5 %

Vom Flop zum Turn

Die Wahrscheinlichkeit, die Hand zu verbessern

Von Set zu FH o. besser	15 %	5,7–1
Von 2 P zu FH	9 %	11–1
Von 1 P zu Set	4,3 %	23–1
Von Draw zu Flush	19 %	4,2–1
Von Draw zu Straße	17 %	4,9–1
Von Gutshot zu Str.	9 %	11–1
Von Overcards zu P	13 %	6,8–1

Vom Flop zum River

Die Wahrscheinlichkeit, die Hand zu verbessern

Von Set zu FH o. besser	33 %	2–1
Von 2 P zu FH o. besser	17 %	5,1–1
Von 1 P zu Set	8,4 %	11–1
Von Draw zu Flush	35 %	1,9–1
Von Draw zu Straße	32 %	2,2–1
Von Gutshot zu Str.	17 %	5,1–1
Von Overcards zu P	24 %	3,2–1

Vom Turn zum River

Die Wahrscheinlichkeit, die Hand zu verbessern

Von Set zu FH o. besser	22 %	3,6–1
Von 2 P zu FH o. besser	9 %	11–1
Von 1 P zu Set	4,4 %	22–1
Von Draw zu Flush	20 %	4,1–1
Von Draw zu Straße	17 %	4,8–1
Von Gutshot zu Str.	9 %	11–1
Von Overcards zu P	13 %	6,7–1

Empfohlene Literatur

Strategie für Anfänger

Lee Jones: Winning Low Limit Hold'em
Mit diesem Buch sollte jeder Anfänger beginnen. Es ist einfach und verständlich geschrieben und enthält das Wissen zum Schlagen der kleinen Limits.

Matthew Hilger: Internet Texas Hold'em
Ein sehr gutes Buch für Anfänger und Fortgeschrittene. Es enthält viele Partie-Beispiele und wertvolle Tipps für das Online-Spiel.

Strategie für Fortgeschrittene

Edward Miller, David Sklansky, Mason Malmuth: Small Stakes Hold'em
Für alle, die bis 3/6 $ kommen möchten, ein Muss. Es enthält ausführlich beschriebene fortgeschrittene Konzepte. Eines der besten Limit-Hold'em-Bücher.

Byron Jacobs: How good is your Limit Hold'em?
Der Autor, Internationaler Meister im Schach, ist seit einigen Jahren ein erfolgreicher Internet-Spieler. Das Buch ist im Quiz-Format geschrieben, eignet sich zum Selbsttest und enthält 24 ausführlich kommentierte Spiele. Ambitionierte Spieler können aus diesem Buch sehr viel lernen!

King Yao: Weighing the Odds in Hold'em
Ein weiteres Buch für Fortgeschrittene. Es hat einen mathematisch-analytischen Ansatz mit vielen Beispielrechnungen zu Odds, expected value u.v.m. Außerdem enthält es einen guten Abschnitt über short handed games.

David Sklansky, Mason Malmuth: Hold'em Poker for Advanced Player
Ein gutes Buch für Spieler, die middle und high limit games schlagen wollen.

Self-Management

Mark Blade: Professional Poker
Das beste Buch über Self-Management. Ein Muss für jeden, der mit Poker Geld verdienen will.

Barry Greenstein: Ace on the River
Das Buch des Weltklasse-Spielers über Self-Management. Der Schwerpunkt liegt auf der Beseitigung psychologischer Schwächen.

Psychologie

John Feeney: Inside the Poker Mind
Es enthält fortgeschrittene Konzepte über die Denkweise guter Spieler. Kein Buch für Anfänger.

Theorie allgemein

David Sklansky: The Theory of Poker
Der Klassiker schlechthin, laut vielen das beste Poker-Buch aller Zeiten. Es behandelt Poker im Allgemeinen (nicht nur Hold'em) mit einem mathematisch-analytischen Ansatz.

Szene

Alvarez: The Biggest Game In Town
Eine stimmungsvolle Reise durch die High-Limit-Szene in Las Vegas.

Holden: Big Deal
Der englische Profi beschreibt die Welt der Turniere und Cash-Games. Eine sehr spannende Lektüre.

Websites

Online-Casinos

PartyPoker.com
Der Marktführer unter den Anbietern mit fast 50 % Marktanteil. Viele schwache Spieler, großzügige Bonus-Zahlungen (auf Deposits, für Vielspieler), guter Support. Für Anfänger sind die Zeitbegrenzungen an den Beginner-Tischen (45 Tage) etwas lästig.

PokerStars.com
Ebenfalls ein sehr guter Anbieter. Besonders für Anfänger geeignet. Viele Mikrolimits ohne Zeitbegrenzung, Boni, guter Support, schöne Benutzeroberfläche.

ParadisePoker.com
Der Pionier unter den Anbietern (Start: 1999). Gute User-Software.

Wenn Sie sich für weitere Anbieter interessieren, erhalten Sie einen guten Überblick auf *FlopTurnRiver.com*. Die Site enthält ein Ranking der 50 führenden Poker-Anbieter mit ausführlicher Beschreibung. Auch andere Themen (Regeln, Strategie) sind hier zu finden.

Theorie-Sites und Foren

PokerTips.org
Eine in mehreren Sprachen erhältliche Seite. Sie bringt Beiträge über die Geschichte des Spiels, über Varianten und über Strategie.

LowLimitHoldem.com
Diese englischsprachige Seite enthält die Beschreibung der Spielregeln sowie gute Theorie-Artikel und verfügt über ein Diskussionsforum.

TwoPlusTwo.com
Die Site von TwoPlusTwo Publishing, einem führenden Herausgeber von Poker-Büchern mit Autoren wie David Sklansky, Mason Malmuth, Ray Zee und Lynne Loomis. Hier finden Sie ein populäres Forum und interessante Themen.

RakeBreak.com
Die Mitglieder der Seite bekommen bei den kooperierenden Anbietern bis zu 1/3 des gezahlten Rake zurückerstattet.

Pokerstrategy.de
Die größte Poker-Community weltweit mit über 200.000 Mitgliedern (Tendenz stark steigend). Ein Muss für alle, die sich für Hold'em interessieren. Alle neuen Mitglieder erhalten 150 $ Startkapital umsonst. Man findet hier ausführliche und fundierte Theorie-Artikel zu jeder Spielphase, Betreuung durch starke Spieler, ein gut sortiertes Diskussionsforum, Buchbesprechungen, Bonusprogramme, Technik-Forum, Ratschläge zur Karriere-Planung, ein Live-Coaching-Angebot, Lehrvideos u.v.m. Ein Allrounder!

Glossar

3-bet: die zweite Erhöhung.

Action: siehe Mitspiel.

Aggressiv: jemand, der viel setzt und erhöht.

All-in: Ein Spieler ist all-in, wenn er seinen gesamten Chipstapel im Pot hat.

Ante: der Einstiegseinsatz in manchen Poker-Varianten (Draw, Stud), den jeder Spieler am Anfang des Spiels setzt.

Back door: drei Karten zu einem Flush oder einer Straße, nachdem 5 Karten ausgeteilt sind.

Bad beat: eine Niederlage mit einer guten Hand, die durch einen komplettierten Draw geschlagen wird, den der Gegner inkorrekt gespielt hatte.

Bankroll: das Geld, das einem zum Spielen zur Verfügung steht.

Bet: siehe setzen.

Bicycle (oder Bike): siehe wheel.

Big Bet (BB): die Summe, die ein Einsatz in den letzten zwei Runden betragen muss.

Big Blind (BB): die Position links vom Small Blind. Der Begriff wird auch gebraucht für den Zwangseinsatz desselben.

Blank: eine Karte, die ohne Wert ist für den Spieler.

Blind: ein Zwangseinsatz, der vor der ersten Runde getätigt wird. Er wandert von Spiel zu Spiel im Uhrzeigersinn.

Bluff: Das Vortäuschen einer guten Hand, wenn man keine hat.

Board: siehe Gemeinschaftskarten.

Bottom Pair: ein Paar mit der niedrigsten Boardkarte.

Broadway: die höchste Straße (TJQKA).

Button: auch Dealer oder Dealerbutton genannt. Er markiert die Position des Spielers, der in jeder Runde als Letzter agiert.

Call: siehe Mitgehen.

Cap: die dritte Erhöhung.

Checken (check): auch schieben genannt. Der Spieler setzt nicht und gibt das Spielrecht weiter. Dies ist nur möglich, wenn in der Runde niemand mehr gesetzt hat, als der Spieler selbst.

Check-raise: checken und dann erhöhen, nachdem jemand gesetzt hat.

Chop: »Chop the Blinds« bedeutet eine Vereinbarung der Blinds, ihre Zwangseinsätze zurückzubekommen, falls alle Spieler vor ihnen gefoldet haben.

Community Cards: siehe Gemeinschaftskarten.

Connectors: verbundene Karten.

Cutoff: die erste Late Position, rechts vom Button.

Dealer: auch Button genannt, die Position rechts vom Small Blind.

Discounten: von der Gesamtzahl der Outs die Zahl der verfälschten Outs abziehen.

Downswing: Pechsträhne.

Draw: eine Hand, die sich durch zusätzliche Karten verbessern kann.

Early Position: die ersten drei Plätze nach den Blinds (an einem 10er Tisch).

Erhöhen (raise): einen zusätzlichen Betrag setzen, nachdem jemand schon gesetzt hat.

Fifth Street: siehe River.

Fish: ein schwacher Spieler, von dem man Geld gewinnen kann.

Flop: die ersten drei Gemeinschaftskarten.

Floppen: eine bestimmte Hand nach dem Flop bilden; z. B. einen Set floppen.

Flush: 5 Karten der gleichen Farbe.

Folden: siehe Passen.

Fourth Street: siehe Turn.

Free Card: eine Karte, die der Spieler bekommt, ohne eine Bet callen zu müssen.

Full House: ein Drilling und ein Paar.

Full ring: ein Spiel mit 10 Spielern.

Gemeinschaftskarten: die Karten auf dem Tisch, die jedem gehören.

Gutshot: ein Straight-Draw, in dem innen eine Karte fehlt (z. B. TJKA). Auch inside straight draw genannt.

Heads-Up: spielen gegen einen einzigen Gegner.

High-Card-Prinzip: Entscheidungsfaktor beim Showdown. Liegen zwei gleiche Kombinationen vor, wird nach der höchsten Karte geschaut. Ist diese bei beiden gleich, entscheidet die zweithöchste etc.

Hole Cards: die Karten, die man in der Hand hält bzw. die verdeckt sind.

Implied Odds: Das Verhältnis zwischen der Gesamtsumme, die man mit der Hand gewinnt, und dem Einsatz, den man mitgehen muss, um drinzubleiben.

Initiative (initiative): Die Initiative hat der Spieler, der in der vorangegangenen Runde die letzte Erhöhung machte bzw. der setzte, und niemand erhöhte dies.

In Position: als Letzter in einer Runde agieren.

Inside straight draw: siehe Gutshot.

Kalt callen: eine Erhöhung mitgehen, ohne vorher in der Runde Geld in den Pot gezahlt zu haben.

Kicker: die Seitenkarte, die bei der Auswertung der Hand im Gleichheitsfall entscheidet.

Krafthand: ein hohes Paar oder hohe suited Karten.

Langsam spielen (slowplay): nur checken oder callen mit einer starken Hand, um in den späteren Runden mehr Geld zu gewinnen.

Late Position: die zwei Plätze rechts von den Blinds (cutoff und button genannt).

Lesen: den Gegner lesen heißt, von seinem Spielverhalten oder seiner Gestik auf sein Blatt zu schließen.

Limit: die Summe, die der Spieler in irgendeiner Setzrunde setzen darf.

Limpen: nur callen, ohne zu erhöhen.

Live: eine Overcard z. B. ist live, wenn sie nach Bildung eines Top Pair gewinnt.

Locker: siehe loose.

Loose: viele (auch schwächere) Hände spielen.

Maniac: ein Spieler, der inkorrekterweise immer sehr aggressiv spielt.

Middle Pair: Paar mit der zweithöchsten Boardkarte.

Middle Position: die drei Plätze vor dem Cutoff. An einem 10er Tisch sind es die Plätze 4 bis 6.

Mitgehen (call): einen Einsatz bezahlen, um im Spiel zu bleiben.

Mitspiel (action): aggressives Verhalten eines Gegenspielers, wenn man das beste Blatt hält. Es vergrößert die eigenen Gewinne.

Monster: eine sehr starke Hand, die großer Favorit für den Sieg ist.

Multiway pot: ein Pot, in dem mehr als zwei Spieler drin sind.

Nuts: die bestmögliche Hand in einer gegebenen Situation im Spiel.

Odds: der mathematische Ausdruck der Wahrscheinlichkeit, mit der ein bestimmtes Ereignis eintrifft bzw. nicht eintrifft.

Offsuit: nicht von der gleichen Farbe.

On tilt: schlechter als gewöhnlich spielen, weil man durch Niederlagen aus dem psychischen Gleichgewicht geraten ist.

Open-Ended-Straight-Draw (OESD): ein Draw, der durch zwei verschiedene Karten komplettiert werden kann (z.B. TJQK).

Open-Raise: eine Erhöhung preflop, nachdem alle Spieler vor einem gefoldet haben.

Out of Position: früh in einer Runde agieren müssen.

Outs: die Karten, die die Hand verbessern.

Overcard: eine Karte, die höher ist als alle anderen Boardkarten.

Overpair: ein Pocket Pair, das höher ist als die Boardkarten.

Paar (pair): zwei gleiche Karten, z.B. A♠, A♦ oder 5♥, 5♣.

Passen: aussteigen.

Passiv: checken und callen statt setzen und erhöhen.

Platt callen: nur callen, ohne zu erhöhen.

Pocket: siehe hole cards.

Pocket Pair: ein Paar in der Hand.

Position: der Platz am Tisch, relativ zum Dealer.

Pot: die Gesamtsumme, die die Spieler im Spielverlauf in die Hand investiert haben. Wird auch als Synonym für Hand gebraucht; zwei sind im Pot bedeutet beispielsweise, zwei Spieler sind in der Hand.

Pot Odds: das Verhältnis zwischen der Summe im Pot und dem Einsatz, den man callen muss, um drinzubleiben.

Raise: siehe erhöhen.

Rake: die Gebühr, die das Casino von jedem Pot abzieht.

Regenbogen: ein Flop in drei Farben.

Reraise: erhöhen nach einer Erhöhung.

River: die fünfte Gemeinschaftskarte.

Rock: ein Spieler, der sehr tight spielt.

Royal Flush: der höchste Straight Flush.

Scary card: eine Karte, die Gefahr für die eigene Hand bedeutet.

Schieben: siehe checken.

Semi-Bluff: eine Hand aggressiv spielen, die man im Moment nicht für die beste hält, für die aber die Chance besteht, die beste Hand zu werden.

Set: ein Drilling, gebildet durch ein Pocket Pair und eine Gemeinschaftskarte.

Setzen (bet): den ersten Einsatz in einer Runde tätigen.

Shark: ein sehr starker Spieler.

Showdown: das Zeigen der Karten aller aktiven Spieler zum Schluss, damit die beste Hand ermittelt werden kann.

Side Pot: der Pot für die aktiven Spieler, die noch in der Hand sind, nachdem einer all-in geht.

Slowplay: siehe langsam spielen.

Small Bet (SB): der Betrag eines Einsatzes in den ersten zwei Runden.

Small Blind (SB): Die Position links vom Dealer. Auch im Sinne des Zwangseinsatzes dieser Position verwendet.

Short handed: ein Spiel mit 6 Spielern.

Spekulative Hand: eine Hand, die eher selten gewinnt, dann aber durch Bildung einer hohen Kombination einen großen Pot bekommen kann.

Split Pair: ein Paar, gebildet durch eine Hole Card und eine Gemeinschaftskarte.

Stehlen: den Pot stehlen heißt, ihn durch aggressives Spiel zu gewinnen, indem man die Gegner zum Folden bringt.

Straight: siehe Straße.

Straight Flush: eine Straße und ein Flush gleichzeitig.

Straße: fünf Karten in einer Reihe, aber nicht alle von gleicher Farbe.

Sucker: Patzer (eigentlich: Lutscher); Ausdruck für einen schlechten Spieler, der oft Glück hat.

Suited: von der gleichen Farbe.

Tight: jemand, der nur gute Hände spielt.

Tilt: on Tilt spielen bedeutet, dass man infolge großer Verluste unnötig aggressiv spielt (und meistens noch mehr verliert).

Top Pair: ein Paar mit der höchsten Gemeinschaftskarte.

Trips: ein Drilling, gebildet durch eine Hole Card und ein Paar auf dem Tisch.

Turn: die vierte Gemeinschaftskarte.

Underdog (oder dog): jemand, dessen Chancen zu gewinnen schlecht stehen.

Under the Gun: der Name der ersten Position nach den Blinds.

Upswing: Glückssträhne.

Verbunden (connected): zwei benachbarte Karten, z.B. 7, 8 oder J, Q.

Verfälschen: ein Out ist verfälscht, wenn es meine Hand zwar verbessert, die des Gegners aber noch mehr.

Verheiratet: Verheiratet sein mit einer Hand bedeutet, man spielt eine anfangs gute Hand weiter, nachdem klar ist, dass diese nicht mehr führt.

Verteidigen: Die Hand verteidigen heißt, durch aggressives Spiel das Mitspielen von Händen, die unsere gefährden können (wie etwa Draws), teuer zu machen.

Volatil: schwankungsfreudig.

Wheel: die niedrigste Straße (A2345).

Winning Player: ein Spieler, der nachhaltig Geld gewinnt.

Zerrissen: Der Flop ist zerrissen, wenn er wahrscheinlich niemandem nützt: kleine Karten ohne Zusammenhang.

Register

Der Autor
Attila Boda studierte Anglistik, Germanistik und allgemeine Sprachwissenschaft an der Universität Freiburg im Breisgau und schloss sein Studium mit dem Magisterexamen ab. Er ist freiberuflich als Übersetzer tätig, spielt bereits seit mehr als 20 Jahren Poker und zählt längst zu den geschicktesten Spielern hierzulande. Als Poker vor einigen Jahren auch das Internet eroberte, entdeckte Attila Boda die Möglichkeit, auf diese Weise Geld zu verdienen. Heute sichert ihm sein spielerisches Geschick ein regelmäßiges Nebeneinkommen.

Wichtiger Hinweis
Die im Buch veröffentlichten Ratschläge wurden mit größter Sorgfalt von Verfasser und Verlag erarbeitet und geprüft. Eine Garantie kann jedoch nicht übernommen werden. Ebenso ist eine Haftung des Verfassers bzw. des Verlages und seiner Beauftragten für Personen-, Sach- oder Vermögensschäden ausgeschlossen.

Bibliografische Information der Deutschen Nationalbibliothek
Die Deutsche Nationalbibliothek verzeichnet diese Publikation in der Deutschen Nationalbibliografie; detaillierte bibliografische Daten sind im Internet über http://dnb.d-nb.de abrufbar.

Projektleitung und Redaktion:
Franz Leipold
Herstellung: Veronika Preisler
Layout und Satz:
Gaby Herbrecht, Mindelheim
Umschlagkonzeption:
ZERO Werbeagentur, München
Druck und Bindung:
Ebner & Spiegel, Ulm

Printed in Germany

ISBN 978-3-426-64640-3

5 4 3 2 1